U0442594

本书受 2024 年度安徽省高等学校科学研究重点项目（2024AH053002）与阜阳师范大学科学研究项目（2023KYQD0043）资助

城市数字
经济发展对上市制造企业创新效率的影响

THE IMPACT OF URBAN DIGITAL ECONOMY DEVELOPMENT ON THE INNOVATION EFFICIENCY OF LISTED MANUFACTURING ENTERPRISES

李胜胜 ◎ 著

中国社会科学出版社

图书在版编目(CIP)数据

城市数字经济发展对上市制造企业创新效率的影响 / 李胜胜著. -- 北京：中国社会科学出版社，2024.12.
ISBN 978-7-5227-4351-6

Ⅰ. F426.4

中国国家版本馆 CIP 数据核字第 2024MM4362 号

出版人	赵剑英
责任编辑	黄 丹　曲 迪
责任校对	闫红蕾
责任印制	李寡寡

出　版	中国社会科学出版社
社　址	北京鼓楼西大街甲 158 号
邮　编	100720
网　址	http://www.csspw.cn
发行部	010-84083685
门市部	010-84029450
经　销	新华书店及其他书店
印　刷	北京明恒达印务有限公司
装　订	廊坊市广阳区广增装订厂
版　次	2024 年 12 月第 1 版
印　次	2024 年 12 月第 1 次印刷
开　本	710×1000　1/16
印　张	14
插　页	2
字　数	165 千字
定　价	76.00 元

凡购买中国社会科学出版社图书，如有质量问题请与本社营销中心联系调换
电话：010-84083683
版权所有　侵权必究

前　言

随着数字时代的到来，数字经济为中国制造业实现"智能制造"提供了契机，为中国从"制造大国"到"制造强国"提供重要支撑。然而，中国数字经济发展水平与制造业创新效率如何？数字经济通过何种路径影响制造业创新效率？为此，构建合理指标体系评估中国数字经济发展水平与制造业创新效率，以及探讨数字经济影响制造业创新效率的理论机制具有重要研究意义。

本书从数字经济基础设施、产业数字化和数字产业化构建指标，测算中国城市数字经济发展水平。以2011—2019年A股上市的制造业企业数据测算制造业创新效率，并实证研究了城市数字经济发展水平对制造业创新效率的影响。本书的研究逻辑如下：首先，从文献出发构建城市数字经济发展水平的衡量指标，并构建异质性随机前沿模型测算制造业创新效率，同时，理论上分析数字经济直接与间接影响制造业创新效率的作用途径；其次，实证分析城市数字经济发展水平对制造业创新效率的影响并检验作用机制；最后，使用面板门槛模型拓展分析数字经济对制造业创新效率影响的门槛效应。基于上述内容，本书研究发现。

第一，数字经济发展水平呈增长趋势，但存在差异。数字经济发展水平呈增长趋势，其中东部地区的数字经济发展水平高于中西部地区；中部数字经济发展水平略高于西部地区，但都低于全国平均水平。数字经济发展水平较高的城市由0.3突破到0.6以上，同时存在较大的空间差异分布特征，省会城市、规模较大城市及东部沿海城市的数字经济发展水平较高，而小规模城市及中西部地区城市的数字经济发展水平较低。

第二，制造业创新效率发生偏离，存在地区、企业规模、行业异质性。受融资约束等因素的影响，致使企业真实的创新效率仅为20%左右。从地区上看，东部地区的整体创新效率、创新质量效率与创新数量效率最高，高于全国平均水平；中部地区的整体创新效率高于全国平均水平，创新质量效率与创新数量效率均低于全国平均水平；西部地区所有类型的创新效率均低于全国平均水平。从企业规模上看，大规模企业的整体创新效率、创新质量效率与创新数量效率最高，且高于全样本均值；而中小规模企业所有类型的创新效率均低于全样本均值。从行业上看，知识密集型行业所有类型的创新效率最高，其次为资本密集型行业，而劳动密集型行业最低。无论从地区、企业规模还是行业考虑，2018年企业所有类型的创新效率都存在一定波动，且略有降低。

第三，数字经济有效促进了制造业创新效率提升。数字经济可以显著提高企业整体创新效率、创新质量效率与创新数量效率。在替换使用主成分分析法测算得到数字经济的衡量指标，以及替换使用企业专利申请量为产出指标测算的制造业创新效率后，基准回归所得结论依然稳健。

第四，数字经济对制造业创新效率的影响存在异质性。具体表现如下：数字经济不显著影响中西部地区制造业企业的整体创新效率、创新质量效率与创新数量效率，但有利于提升东部地区的；无论中小规模企业还是大规模企业，数字经济都有利于制造业整体创新效率的提升，且作用效应会随着企业规模的增大而递增，有利于提升大中规模企业的创新质量效率与创新数量效率，提升小规模企业的创新效率则主要通过创新数量，而非创新质量；行业异质性表明数字经济对劳动密集型与知识密集型行业全部类型的创新效率有显著的提升作用，而对资本密集型行业的创新质量效率没有显著影响。

第五，数字经济在微观企业与宏观城市两个层面间接影响制造业创新效率。在微观企业层面，数字经济可以为企业带来政府补助、减少企业税负与降低制度性交易成本，提升企业创新效率；在宏观城市层面，数字经济可以通过提高城市人力资本水平、创新环境水平与产业集聚程度，提升企业创新效率。企业层面与城市层面的作用机制也都存在地区、企业规模与行业异质性。

第六，数字经济对制造业创新效率影响存在政府补助、企业税负与产业集聚的门槛效应。数字经济对制造业创新效率的门槛效应表现为：数字经济对制造业创新效率的影响会随着政府补助的增加而增大；企业税负较低时，数字经济可以显著提升制造业创新效率，企业税负较高时，数字经济可能产生阻碍作用；产业集聚水平较高时，数字经济显著正向影响制造业创新效率，产业集聚程度较低时，数字经济不显著影响制造业创新效率。

本书的编写工作得到2024年度安徽省高等学校科学研究重点项目（2024AH053002）与阜阳师范大学科学研究项目（2023KYQD0043）的资助。安徽大学杨仁发教授提供的珍贵指导意见，安徽财经大学周云蕾博士给予的建设性意见,安徽建筑大学李娜娜及安徽大学郑媛媛、闫娜娜、卫晨、刘金辉付出的努力;中国社会科学出版社的编辑也为本书的顺利出版付出了辛勤的劳动,在此一并表示感谢!由于本人学识有限,对于书中的错误与不足之处,恳请各位专家、老师与同学及时指正。

目 录

第一章 绪论 …………………………………………………… (1)
    第一节 研究背景与研究意义 ………………………………… (1)
    第二节 研究思路与研究方法 ………………………………… (10)
    第三节 创新点与不足 ………………………………………… (14)

第二章 文献综述 ……………………………………………… (17)
    第一节 数字经济研究进展 …………………………………… (17)
    第二节 制造业创新效率研究进展 …………………………… (29)
    第三节 数字经济影响制造业创新效率研究进展 …………… (32)
    第四节 文献评述 ……………………………………………… (37)
    第五节 小结 …………………………………………………… (40)

第三章 数字经济影响制造业创新效率的理论机制 ………… (41)
    第一节 直接作用机制分析 …………………………………… (41)
    第二节 间接作用机制分析 …………………………………… (51)
    第三节 小结 …………………………………………………… (61)

第四章 数字经济与制造业创新效率的测算分析 …………（63）
- 第一节 数字经济测算 ………………………………（63）
- 第二节 制造业创新效率测算 ………………………（70）
- 第三节 小结 …………………………………………（90）

第五章 数字经济影响制造业创新效率的实证分析 …………………………………………（93）
- 第一节 研究设计 ……………………………………（93）
- 第二节 基准回归结果 ………………………………（97）
- 第三节 稳健性检验与内生性探讨 …………………（100）
- 第四节 异质性分析 …………………………………（106）
- 第五节 小结 …………………………………………（113）

第六章 数字经济影响制造业创新效率的作用机制分析 ………………………………………（115）
- 第一节 模型设定与变量选取 ………………………（115）
- 第二节 微观层面作用机制分析 ……………………（118）
- 第三节 宏观层面作用机制分析 ……………………（135）
- 第四节 小结 …………………………………………（151）

第七章 拓展分析：门槛效应检验 …………………（154）
- 第一节 门槛效应检验 ………………………………（154）
- 第二节 微观层面门槛效应 …………………………（160）
- 第三节 宏观层面门槛效应 …………………………（168）
- 第四节 小结 …………………………………………（173）

第八章　结论与政策建议 …………………………………（174）
　　第一节　结论 ……………………………………………（174）
　　第二节　政策建议 ………………………………………（177）

参考文献 ………………………………………………………（187）

第一章 绪论

第一节 研究背景与研究意义

一 研究背景

数字经济与传统经济存在本质上的不同，数字经济具有无定形、全球性、寡头垄断、无形和知识驱动性质（Chohan，2020）。早在1998年，就有学者提出数字经济、计算机与通信网络的结合有可能改变几乎所有国家的经济。Tou 等（2018）更是提出芬兰经济在数字经济中显著复苏，GDP 增长率赶超新加坡也正是由于数字经济在其中起到了重要作用。随着人类进入数字时代，数字经济已成为全球经济回暖的新动能（张森等，2020），以数字经济发展驱动经济发展成为全球发展共识。在俄罗斯，数字经济实施机制为克服未来经济发展的不确定性创造了新的基础（Askerov et al.，2018）。与此同时，党的十九大报告提出，数字经济要与实体经济融合发展，数字经济被视为经济高质量发展的新引擎（张新红，2016；严若森、钱向阳，2018）。在2015年的"十三五"规划中，国家首次提出实施大数据战略。2017年至今，数字经济已经连续六年被写入政府工作报告。2017年政府工作报告提出"互联网+"深入发展，促进数字经济加快发展的策略；2018年提出为数字中国建设加油的方针政策；2019年提出要壮大发展数字经济；2020年提出打造数字经济新优势；2021年再次强调加快数字经济发展，打造数字经济新优势；2022年以单独成段方式提出，促进数字经济发展，加强数字中国建设整体布局。

由此可知，中国已将数字经济上升到新的战略点。一方面，数字经济成为经济高质量增长的新动能（谢康等，2020；肖静华等，2020），以及未来经济发展的主要推动力（Tian and Liu, 2021）。实现中国经济高质量发展，数字经济是必经之路（李彦臻、任晓刚，2020），但中国数字经济对智能制造的驱动作用并未完全显现（赵剑波、杨丹辉，2019）。另一方面，传统产业技术创新的突破较少，且具有路径依赖的特征，无法冲破现有产业创新的困境（李晓华，2019）。然而，数字经济提供了一种契机，因其颠覆性创新，技术和商业模式都难以预测，故企业存在大量"换道超车"的机遇。

（1）从制造业发展现状来看，尤其在全球贸易保护主义及经济政策环境不确定的情形下，制造业为维持中国经济有序健康发展起到了重要支撑作用，是中国经济高质量发展的基石。但近年来中国制造业转型面临"两端挤压"的发展困境（焦勇，2020）。一是中国劳动力成本上升，面临越南、菲律宾等国家的低劳动力成本竞争，原本在中国的中低端制造业逐步转移到这些国家；二是中国依托的科技创新驱动高端制造遭到发达国家的技术封锁和围堵，高端制造业仍然处于孕育形成的发展阶段（黄群慧、贺俊，2015）。除"两端挤压"外，中国制造业面临恶性竞争、融资困难等自身因素，在此窘境下，数字经济正变革制造业的转型理念。数字经济带来的数字技术可以实现传统制造业的数字化转型。制造业通过制造服务精准化，借助数字技术，可以有效推动制造业模块与下游服务融合发展。由此可知，数字经济的深入发展可以深刻变革制造业的基础发展理念（焦勇，2020）。

（2）从数字经济规模来看，数字经济规模逐年增大。2019年全球数字经济规模占全球国内生产总值的4.5%—15.5%（谢康等，2020）。而中国2016年数字经济规模为22.4万亿元；2018年数字经济规模达31.3万亿元，占GDP的34.8%（李立成、刘勤，2019）；2019年达35.8万亿元，占GDP的36.2%（赵涛等，2020）；2021年中国数字经济规模达45.5万亿元，占比GDP达39.8%[①]，远高于世界其他国家。然而，中国数字经济基础产业的投入及成果对制造业促进作用的潜力并未完全得到释放（刘昭洁，2018），数字经济相关企业在总体上存在大而不强、研发总量偏低的问题（张森等，2020）。尽管中国的数字经济位于世界前列，但与美国相比，中国数字创新还存在差距，在企业研发投入、关键核心技术与制定技术标准等方面仍有待加强（张森等，2020）。中国制造业的制造数字化水平不足，即使在数字化应用程度较高的制造业两端仍然严重依赖外部（焦勇，2020）。随着数字经济的快速发展，数字经济已为社会生产潜力、知识储备与生产组织带来本质上的变化，并颠覆和重构了传统产业业态，不断引领产业转型升级（范周，2020；田秀娟、李睿，2022；戚聿东、褚席，2022）。为此，国家颁布了一系列促进数字经济与制造业深度融合、数字经济驱动制造业转型升级的文件。这些文件

[①] 数据来源于中国信息通信研究院编印的内刊，《中国数字经济发展报告（2022年）》。

的颁布将数字经济发展提升到国家层面，保障数字经济助力制造业转型升级。

（3）从创新领域来看，中国政府强调创新是经济高质量的第一动力。创新可以把发展的动力转化为技术进步的动力，从而促进经济质量的提高。现阶段，中国经济发展已由高速增长阶段转向高质量发展阶段，而高质量的经济发展需要创新作为支撑。因此，创新在经济高质量发展中的作用已经越来越明显。与此同时，很多中国企业面临来自其他国家的高科技封锁，在商业活动中不具备竞争优势，往往出现被动接受不平等的商业规则（Zhou and Li，2021）。例如，中国的半导体技术在很大程度上受到其他国家技术的限制和封锁，不能依靠高精度光刻机生产芯片，为此有时在商业领域显得很被动。虽然依靠其他国家之前的技术积累可以为中国的创新奠定基础，可一旦出现"不确定因素"，就很难有话语权，所以中国的创新势在必行（Zhou and Li，2021）。为了克服这个问题，国家领导人和政府多次强调自主创新的重要性。但中国面临创新的投入要素不足的困境，以中央企业为例，其研究支出与开发支出的年均增长率超过25%，但研发投入仍较低（徐传谌、张行，2015）。这种困境存在于中央企业的同时，中国制造业也一直面临外部依赖严重、制造业数字化水平不足等问题。构成数字经济的人工智能、大数据、区块链内核的工业软件严重依赖进口，计算机辅助设计、计算机仿真等工业软件严重滞后（焦勇，2020）。中国制造业创新存在体系不完善、创新载体分散、技术创新资源有限等问题（张佳悦，2018）。中国制造业创新体系在中美贸易争端警示下，只有提高创新能力，尤其是自主创新能力，才能在国际上站稳脚跟（张穹、曾熊，2020），技术创新是中国经济增长动力转化的关键因素（荆文君、孙宝文，2019）。在现实政策和迫切需求下，中国数字经济发展为增强创造力与竞争力发挥了重要作用（荆文君、孙宝文，2019）。

为此，中国在这种困境下提出，数字经济带动传统制造业创新发展的战略，借助数字经济发展趋势，驱动制造业转型升级。数字经济发展给企业带来较低的税负，降低了企业创新边际成本。例如，中国企业所得税税率为25%，但高新技术企业实施低税率，软件集成电路等数字化企业免征或者减半征收税率（郝东杰、陈双专，2020）。

对上述分析进行以下两点总结：一是中国数字经济总量大，发展速度快，但与欧美之间存在一定差距，数字经济并未成为驱动传统制造业创新升级的主体。因此，合理准确评估中国数字经济发展水平对制造业创新效率的影响尤为重要，具有一定的现实价值。二是中国制造业企业除了劳动力成本上升和技术封锁的"两端挤压"，还面临恶性竞争、融资约束困境，制造业企业创新效率不高等问题。在制造业发展窘境下，政府积极提出数字经济带动传统制造业创新发展的战略，借助数字经济发展趋势，驱动制造业转型升级。为此，评估制造业创新效率及研究数字经济对制造业创新带来的作用机制具有一定的学术价值。

二　问题提出

党的十九大报告提到加快数字经济与实体经济的融合，实体经济是建设现代经济的重点，创新是建设现代经济的战略支撑。这些论断说明实体经济发展是经济高质量发展的重点，要以数字经济牵引创新驱动制造业发展。数字经济引领创新（李国杰，

2016），数字化既是企业的助推器，也是企业的颠覆者（International Monetory Fund，2018）。在已有的文献中，主要集中研究数字经济发展带来的数字技术对制造业企业的变革。例如，Chen 等（2015）研究发现，数字制造可以有效缩小发展中国家与发达国家之间的技术差距，数字制造使产品生产更加接近其所需要的时间点，节省产品存储成本。随着数字经济的发展，云设计制造业可以加快数字制造和设计创新（Wu et al.，2015），工业4.0 时代的数字化转型有助于提高制造业企业生产效率和生产力（Ghobakhloo，2020），数字制造系统最大限度地减少了人与技术的互动，以促进生产力和物质材料的流动（Shahatha Al-Mashhadani et al.，2021）。数字技术催生下的共享经济可以让制造业低成本、高效率地运行（Wang et al.，2021）。Bagale 等（2021）研究发现，中小企业的产品和流程在数字经济下会更加自动化，进而提高产品的质量、促进企业的效率的提升。这些研究为本书的研究奠定了基础，说明数字经济发展带来的数字技术可以对制造业企业产生深远的影响。

　　如研究背景分析所示，中国数字经济在经济发展中占据越来越重要的作用，在面临数字经济相关企业大而不强、研发总量偏低，以及研发投入不足、制造业处于发展困境等问题的同时，数字经济也为产业转型升级提供了良好的契机。在数字经济发展趋势下，已有研究发现，数字经济的基础设施互联网可以显著提升中国创新效率水平，互联网成为驱动区域创新的新动能（韩先锋等，2019）。然而，中国的整体数字经济是否推动了企业的创新发展，既有文献尚缺乏这方面的研究，并且在微观层面系统探讨数字经济影响制造业创新效率的文献也不多见。为此，本书构建数字经济影响制造业创新效率的分析框架,从理论与实证出发,较为系统地分析数字经济如何影响制造业创新效率。

三 研究意义

数字经济为中国从"制造大国"到"制造强国"再到"智能制造"提供了新契机,数字经济已广泛渗透于中国制造业的各个方面,其产业转型升级进入新的发展阶段。然而,中国制造业在面临恶性竞争、融资困难等问题时,总体创新效率较低。随着数字经济的发展,在其带动下,制造业可以实现制造服务精准化,借助数字技术可以实现传统制造向智能制造和数字制造转型。在数字经济快速发展的背景下,如何提升中国制造业的创新效率;以及探讨通过何种途径提升中国制造业创新效率,使中国成为科技大国与创新大国具有很强的现实研究意义。基于此,本书从制造业创新效率测算入手,以制造业创新效率的现状为展开点,重点研究数字经济对制造业创新效率的影响,并探讨其影响机制,以作用机制检验的结果拓展分析数字经济与制造业创新效率之间的非线性关系。这对中国更好地发展数字经济、提升数字经济发展水平及在数字经济发展驱动下提高制造业创新效率具有重要意义。为此,本书的现实研究意义主要有以下三点。

(1) 有利于合理评估中国数字经济发展水平与制造业创新效率。数字经济在经济复苏中具有重要作用,是经济转型升级和提质增效的新引擎。如何构建指标测算中国数字经济发展水平具有重要的现实意义。这不仅可以静态地评估中国数字经济发展水平的总体情形,还能够为认识中国数字经济发展的动态演进规律提供重要参考价值。中国从"制造大国"到"制造强国"主要依赖制造业企业的科技创新，但中国制造业创新效率存在普遍较低的现状。一方面制造业企业存在融资困境，另一方面现阶段中国制造业技术创新受欧美技术封锁。为此，中国政府大力倡导借助数字经济发展平台，加快制造业转型，提升制造业创新效率。外来的技术封锁可以通过企业凭借数字经济发展带来的红利进行自身研发创新来缓解。然而，数字经济对制造业创新影响如何并不得知，现阶段尚缺乏数字经济给制造业企业带来创新效应的研究。因此，采用适合的方法测算中国上市制造业企业的创新效率具有一定的实践意义。这不仅可以静态地评估中国数字经济发展水平与制造业创新效率的总体情形，还能够为认识中国数字经济发展水平与制造业创新的动态演进规律提供重要参考。

（2）有利于厘清数字经济对制造业创新效率影响的作用路径。采用计量模型的方法研究数字经济对制造业创新效率的影响提供充分的数据支撑，可以更好地验证理论，找到数字经济影响制造业作用路径，为数字经济提升制造业创新效率提供经验依据。因此，从定量研究角度出发，探索出数字经济影响制造业创新效率的作用路径的问题具有急迫的现实意义。

（3）有利于清晰理解发展差异。从地区、企业规模和行业等方面分析数字经济与制造业创新效率真实发展状况，可以更加客观地认识数字经济与制造业创新效率发展差异情况。根据这些差异有针对性地采取有效措施，可以加快数字经济发展，推动制造业创新效率在不同地区、企业规模与行业中均衡发展，缩小地区、企业规模与行业之间的鸿沟，具有重要的现实意义。同时，分地区、企业规模与行业异质性探讨数字经济对制造业创新效率的影响及作用机制，可以更好地厘清数字经济在不同地区、企业规模与行业中影响制造业创新效率的特征及作用途径，这样可以更加有效且针对性找到解决措施，具有一定的现实意义。

本书的理论研究意义主要有以下三点。

（1）构建数字经济与制造业创新效率测算指标。国内外学者对数字经济与制造业创新效率测算都进行了较丰富的研究，但仍未形成统一的框架，特别是在创新效率的测算中，尚缺乏一个完整包含整体创新效率、创新质量效率与创新数量效率的分析。为此，本书在现有文献的基础上，使用熵权法测算数字经济发展水平，并考虑上市企业存在融资约束情况下构建模型测算创新效率，具有一定的理论意义，可为后续研究者提供一种测算思路与借鉴方法。

（2）理论探讨数字经济对制造业创新效率影响的作用机制。国内外学者更多从理论上关注数字经济对企业组织带来的影响模式，且在数字经济对制造业创新效率的影响及作用机制方面的相关研究也未系统化，尚缺乏这方面的系统研究与实证检验。为此，尝试分析数字经济通过何种作用机制影响制造业创新效率，以及二者之间存在的内在联系可以为后续研究提供一些研究思路，具有一定的理论意义。

（3）多学科交叉，丰富学科研究领域。本书不仅涉及数字经济与制造业相关的产业经济学，还涉及数学模型的推导及统计学的统计推断。这推动了跨学科的理论研究和发展，丰富了数字经济与制造业创新效率的研究领域与相关理论，也具有一定的理论意义。

综上，研究数字经济对制造业创新效率的影响，具有一定的学术意义与理论意义。

第二节　研究思路与研究方法

一　研究思路

在分析本书的研究背景基础上，提出本书要研究的问题，然后确定本书的研究思路。本书具体研究思路如下：首先，从数字经济研究进展、制造业创新效率研究进展与数字经济影响制造业创新效率研究进展三个方面总结国内外文献，对现有国内外文献进行评述，结合中国数字经济与制造业创新发展的实情，考虑数据可得性等因素并结合本书研究的内容，确定本书数字经济与制造业创新效率测算指标，在此基础上使用熵权法、异质性随机前沿方法分别测算出数字经济发展水平与制造业创新效率，并在地区、企业规模与行业等层面阐述中国数字经济与制造业创新效率发展的特征事实；其次，在文献的基础上，分析数字经济对制造业创新效率的影响，以及数字经济通过何种作用途径影响制造业创新效率，并构建数学模型推导数字经济对制造业创新效率的影响；再次，实证检验数字经济对制造业创新效率的影响，并实证检验数字经济影响制造业创新效率的作用机制，在作用机制检验的基础上，进一步分析数字经济与制造业创新效率之间的门槛效应；最后，根据本书的理论研究与得到实证结果，有针对性地提出政策建议。

二　研究方法

本书涉及产业经济、统计学、计量经济等学科领域，属于多学科交叉研究工作。因此，本书主要采用以下三种方法进行研究。

（一）文献归纳演绎法

文献归纳演绎法主要体现在以下三方面：一是结合国内外相关文献，评述数字经济衡量方法的优劣，并构建数字经济与制造业创新效率测算的指标体系；根据文献，归纳总结出数字经直接影响制造业创新效率的理论内容；理论探讨数字经济通过何种途径影响制造业创新效率的作用机制。二是结合国内外相关文献，在现状评析的基础上，演绎推出数字经济影响制造业创新的作用路径。三是从主要研究内容出发，回顾相关文献，探究数字经济影响制造业创新效率的作用机制等相关理论。

（二）数学模型推理与定量分析

首先，根据文献构建出符合数字经济影响制造业创新效率的数学模型。其次，采用计量分析方法实证检验二者之间的因果关系，并做稳健性检验与内生性探讨。再次，构建中介效应模型检验理论部分阐述的间接影响的作用机制。最后，采用门槛回归的实证方法探讨数字经济影响制造业创新效率的门槛效应。

（三）对比分析

从地区、企业规模与行业三个层面对比分析制造业创新效率。实证分析中不仅考虑了制造业整体创新效率，还考虑了创新质量效率与创新数量效率，通过对比数字经济对企业不同创新效率的影响，使分析结论更加全面，更能有针对性地提出政策建议。在机制作用检验通过地区、企业规模与行业进行异质性分析。这样可以较全面、系统地探讨出数字经济如何影响制造业创新效率，为提出合理化政策建议提供理论依据。

综观全书，理论分析主要以文献为基础定性探讨，然后结合数理模型推导数字经济如何影响制造业创新效率。在实证检验研究中，回归分析二者之间的因果关系更加科学，探讨异质性使分析更加细致，更能凸显本书研究的现实意义与理论意义。结合研究内容与研究方法，得到本书的研究路线图，如图1.1所示。

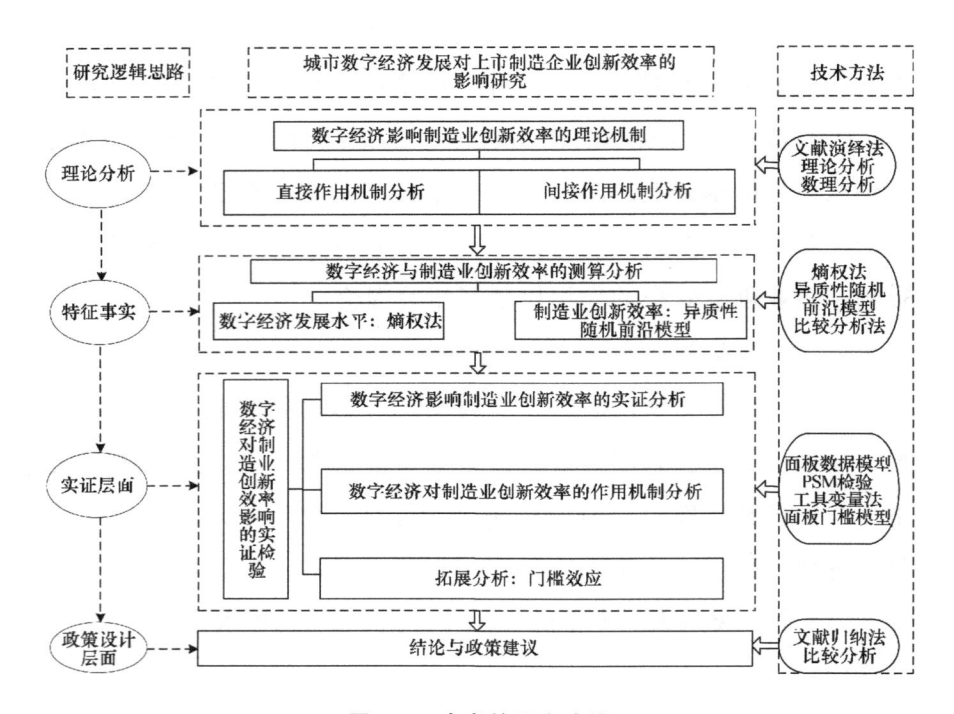

图 1.1　本书的研究路线

二　研究内容

本书的主要研究内容安排如下。

第一章："绪论"，本章主要阐述研究背景与研究意义，梳理出本书的研究思路与研究方法，得到本书的研究路线。在此基础上，说明可能存在的创新点与不足。

第二章："文献综述"，本章从数字经济研究进展、制造业创新效率研究进展与数字经济影响制造业创新效率研究进展三个部分进行文献综述。其中，数字经济研究进展从数字经济内涵和测算两个方面进行阐述，制造业创新效率研究进展从制造业创新效率内涵和测算两个方面进行阐述，数字经济影响制造业创新效率研究进展分别从国内外理论、实证与其他研究内容进行文献梳理。通过梳理文献，可以厘清数字经济与制造业创新效率的内涵及二者之间的因果联系。最后，通过评述文献，总结得出相较于以往文献，本书采用方法的合理性。

第三章："数字经济影响制造业创新效率的理论机制"，本章主要包括直接作用机制分析与间接作用机制分析两个部分。其中，在直接作用机制分析包括数理模型与理论分析两个部分；而在间接作用机制中，在理论上从微观企业和宏观城市两个层面分析数字经济对制造业创新效率的影响。

第四章："数字经济与制造业创新效率的测算分析"，本章主要分为两个部分：第一部分以文献为基础，选择测算数字经济的指标体系，然后采用熵权法构建指标权重测算数字经济发展水平，并简要分析中国数字经济发展水平现状；第二部分阐述如何构造面板数据的异质性随机前沿模型测算制造业创新效率，构建模型后采用最大似然估计测算出制造业整体创新效率、创新质量效率与创新数量效率，并进一步分地区、企业规模与行业探讨制造业创新效率现状。

第五章："数字经济影响制造业创新效率的实证分析"，实证分析的思路如下：首先，通过回归的方法探讨数字经济对制造业整体创新效率、创新质量效率和创新数量效率的影响。其次，稳健性检验与内生性探讨，其中替换衡量指标做稳健性检验，内生性探讨主要使用工具变量法与倾向得分匹配方法。最后，从地区、企业规模与行业三个方面分析数字经济对制造业创新效率影响的异质性。

第六章："数字经济影响制造业创新效率的作用机制分析"，本章主要构建数字经济影响制造业创新效率的中介效应模型，并从微观企业与宏观城市两个层面选择作用机制变量，实证检验数字经济影响制造业创新效率的作用机制。在检验过程中，分别从企业与城市两个维度考虑，系统论证数字经济影响企业创新效率的作用机制是否存在地区、企业规模与行业异质性。

第七章："拓展分析：门槛效应检验"，本章根据第六章的异质性结果，构建面板门槛模型探讨数字经济影响制造业创新效率的门槛效应。依次检验了企业层面的政府补助、企业税负与制度性交易成本，以及城市层面的人力资本、创新环境与产业集聚为门槛变量时，数字经济对制造业创新效率的影响是否存在门槛效应，并从理论上分析解释存在这种门槛效应的原因。

第八章："结论与政策建议"，总结全书结论，根据所得结论有针对性地提出政策建议。

第三节　创新点与不足

一　创新点

本书可能的创新点主要在于以下三个方面。

（1）在以往文献的基础上，从数字经济基础设施、数字产业化和产业数字化三个方面构建数字经济发展水平的衡量指标。同时，采用异质性随机前沿方法（Stochastic Frontier Approach，SFA）测算企业微观层面的创新效率，避免了数据包络方法（Data Envelopment Analysis，DEA）中存在指标敏感性、决策单元数量限制等问题，随机前沿方法可以将误差项设定为无效率项与随机干扰项，具有更好的测算效果，可以有效克服微观数据无最优解的局限。考虑企业融资约束情况下以及企业个体异质性等影响，构建异质性随机前沿模型测算制造业创新效率，拓宽了异质性随机前沿模型在微观企业数据中创新效率测算中的运用。

（2）在研究内容方面，理论上系统地分析了数字经济影响微观制造业创新效率的途径，并从微观企业层面的政府补贴、企业税负和制度性交易成本，以及宏观城市层面的人力资本、创新环境与产业集聚探讨数字经济影响制造业创新效率的作用机制。在此基础上，研究了作用机制变量在数字经济影响制造业创新效率的门槛效应。这拓展了数字经济影响微观制造业创新效率的研究内容。

（3）构建数学模型论证数字经济对制造业创新效率的影响，并在理论上揭示了数字经济如何影响制造业创新效率。同时，在实证中考虑数字经济指标体系测算可能存在衡量偏误产生的内生性问题，从而保证本书估计结果的稳健性。从数理模型与实证两个方面分析数字经济对制造业创新效率的影响，具有一定的理论研究意义。

二 不足之处

现有文献尚缺乏数字经济对制造业创新效率影响的研究，但以往很多国内外文献研究数字经济与制造业创新效率的测算，以及研究数字经济带来影响的理论与实证研究，也为本书的研究提供了丰富的参考资料。在此基础上，虽然本书较系统地探讨了数字经济如何影响制造业创新效率，以及深层次分析了数字经济影响制造业创新效率的作用机制，但受数据与自身研究水平所限，本书主要存在以下三个方面的不足之处或后续需要解决的问题。

（1）根据文献，本书从数字经济基础设施、数字产业化和产业数字化三个方面构建数字经济发展水平。但由于数据限制，并没有充分考虑到数字经济指标体系中包含的所有内容，采用熵权法或者主成分计算出来的综合指数存在一定的偏差，且这种偏差不易被验证。后续研究可以重点考虑如何构建充分且适合的指标体系，以准确评估中国数字经济发展水平。

（2）在现有技术下，采用异质性随机前沿模型测算制造业创新效率，不可观测的企业个体效应归入个体的异质性（产出边界函数部分）还是无效率项（随机干扰项部分），学术中存在较大争议（Greene，2005；连玉君，2018），或者二者无法进行严格的区分（Greene，2005）。如何改进异质性随机前沿模型进而更加精确地测算出制造业创新效率，也是重要的后续研究工作。

（3）由于上市企业数据限制，只能遵循以往文献使用专利授权量或者申请量代表企业创新能力，从而测算出制造业的创新效率。由于部分上市企业没有公布专利授权数，在数据处理的时候可能会被剔除，并不能衡量出这部分企业的真正创新效率，从而对企业创新效率测算可能存在误差。后续研究可以采用更科学的核算方法，统计出各上市制造业的创新产出，进而更加准确地测算企业的创新效率。

第二章 文献综述

从数字经济研究进展、制造业创新效率研究进展与数字经济影响制造业创新效率研究进展三个方面进行文献综述。其中，数字经济研究进展从研究内涵与测算两个方面进行阐述，数字经济测算的相关文献从国内外两个角度进行说明，制造业创新效率研究进展从内涵与测算两个方面进行阐述，数字经济影响制造业创新效率研究进展分别从国内外研究进展两个方向进行文献梳理。最后，对文献进行综合评述，总结得出本书区别于以往文献采用方法的合理性，确定数字经济与制造业创新效率的测算方法。

第一节 数字经济研究进展

一 数字经济内涵

数字经济（Digital Economy）这个名词首次出现于"*The San Diego Union-Tribune*"报纸上（李长江，2017）。其后，Bowman（1996）提出数字经济起源于通信技术的发展，并运用到在线零售和电子商务。Tapscott（1999）详细阐述了数字经济涉及的各个方面，并将数字经济的概念首次运用到行业中。随着电子商务的快速发展，数字经济的概念不断形成并完善，对经济发展产生了重要的影响。其中，Donofrio（2001）从技术创新视角解读数字经济在美国低膨胀、高增长的经济模式下的作用。Overby 和 Audestad（2018）认为，数字经济是基于信息和通信技术（Information and Communications Technology，以下简称"ICT"）发展起来的，并具有创新集群性质的一种经济。陈晓红等（2019）也认为，以大数据、人工智能、移动互联网等新技术催生了数字经济，进而形成一种新型的数字化经济与商业模式。但现有文献关于数字经济的内涵并没有形成统一的概念界定（丁志帆，2020；Butenko and Isakhaev，2020）。为此，本书在已有文献的基础上，从狭义、广义及其他定义三个角度阐述数字经济的内涵。

（1）狭义：数字经济被当作一种产业，主要还是以通信、互联网技术驱动的相关产业，属于一种经济形态。将数字经济看作一种产业或者经济形态的文献主要包括：赵玉鹏和王志远（2003）将数字经济定义为一种能动态描述数字流动的经济。龚晓莺和王海飞（2019）指出，数字经济是一种新的经济模式，该模式产生于工业革命向信息革命转型的过程中。在近年的文献中，学者将数字经济定义为数字技术产生的一种经济形态（裴长洪等，2018；李长江，2017）。这种定义方式主要是为了方便测算数字经济，可以基于"数字化产业"和"产业数字化"的方式进行划分。这种划分方式结合 ICT 的特征，可以在理论上界定数字经济内涵的范围（刘航等，2019），其中，数字产业化主要指数字经济的一种狭义定义（许宪春、张美慧，2020）。国内学者中，张勋等（2019）则将数字经济和数字金融作为同义词，认为数字经济等同于数字金融。徐梦周和吕铁（2020）认为，数字经济是融合经济，涉及多个部门。余长林等（2021）依据数字产业化的概念，将数字经济行业界定为相关传输服务、互联网服务与技术服务三类行业。许文静等（2020）认为，数字经济的核心是数字经济产业化和产业数字化，具体而言，数字产业化指数字信息产业，产业数字化指借助数字技术提升传统产业的效率，提高产出。易宪容等（2019）认为，数字经济是一种异于传统经济的新经济形态。荆文君和孙宝文（2019）认为，数字经济是基于经济增长放缓的背景下，由数字技术催生出来的一种新型经济形态。

国外学者将数字经济定义为，与将生产或使用电子技术（ICT 部门）作为服务的一组产业相关的经济部分（Askerov et al., 2018）。例如，Anatolievna 等（2019）将数字经济理解为基于使用大量数据，保障企业、行业和国家整体创新发展的经济管理类型。此外，部分学者关于数字经济的狭义定义不拘泥于某一个方面，将数字经济的狭义定义扩展到部门、人才及 ICT 基础设施等。例如，Smirnov 等（2019）将数字经济定义为 ICT 领域研发、数字经济人才、信息通信技术部门、内容和大众媒体部门、电信、民众对信息通信技术的使用及商业中的数字技术。Hafkesbrink 和 Schroll（2010）认为，数字经济应涵盖数字价值创造过程中的所有参与者，包括多媒体代理、电子商务、互动在线营销与移动解决方案提供商、游戏开发商、社交媒体提供商等，但同时也指出随着技术的进步会逐步消除行业之间的壁垒，很难明确哪些子行业属于数字经济，数字经济的狭义定义也随之发生变化。

（2）广义：许宪春和张美慧（2020）认为，数字经济是一种经济活动，是基于互联网等现代信息技术进行的经济活动总和；曾燕（2021）将其定义为推动企业发展而带来的经济效应、创新效应等，包含对数字化产业，以及互联网产业对服务业、工业和农业的贡献。二十国集团领导人第十一次峰会（以下简称"G20 杭州峰会"）也将数字经济定义为一系列经济活动。李国杰（2016）认为，G20 杭州峰会关于数字经济的定义是一种广义的定义，这种定义方式破除了将数字经济狭义地定义为相关的信息产业。在数字经济的这种广义定义下，学者分别从宏观与微观上对数字经济进行了解释。在宏观上，刘淑春（2019）认为，数字经济是中国高质量发展的新动能；郭晗和廉玉妍（2020）认为，数字经济已成为中国发展中最重要的新动能。在微观上，数字经济可以引发企业管理变革，企业应顺应数字经济大发展规律做好管理变革的准备（戚聿东、肖旭，2020）；何帆和刘红霞（2019）指出，数字经济可以为企业转型升级带来动力和技术支持。这种广义的定义包含了数字化产业及对经济、社会各个方面带来的数字效应。这种定义不仅局限于通信、互联网技术，还包括了数字经济与其他产业之间产生的数字效应。这类文献主要包括：龚晓莺和王海飞（2019）研究了数字经济的发展动因并阐述数字经济带来的正负效应；张辉和石琳（2019）指出，随着云计算、人工智能、物联网等新技术的发展，数字经济的外延不断扩展，由狭义的数字产业化转换为广义的产业数字化，并在智能制造、现代农业等其他行业发挥了重要的作用。

　　国外学者对数字经济的广义理解表现在数字经济的延伸，并没有确切指出数字经济这个广义的概念，主要以数字化的概念进行说明，以及阐述数字经济带动其他经济模式的发展。例如，

Bharadwaj 等（2013）研究发现，数字技术（主要包括信息、计算、通信以及它们的组合技术）带来 IT 战略和业务战略之间的融合。Richter 等（2017）研究发现，数字经济的数字化环境改变了城市化发展，形成了新解决方案的开放态度，优化工作环境与创造新思维方式推动了共享经济的发展。Hanna（2020）认为，数字经济最广泛范围的一种定义是在所有经济领域使用 ICT。

（3）其他定义：相较于数字经济的狭义定义与广义定义，对数字经济的其他理解主要是学者并没有给出数字经济的确切行业，只是给出一种非定义式的说明来阐述数字经济特点与内涵，甚至从某个具体的研究视角给出数字经济的非定义解释。在国外学者中，Tapscott（2014）给出了数字经济的非定义说明，这种定义只是叙述数字经济具有的特点，非定义地指出数字经济具有知识驱动、数字化、虚拟化、分子化、集成化等 12 个基本特点。Bukht 和 Heeks（2017）将数字经济的框架划分为数字领域、数字经济及数字化经济，数字领域主要指 ICT 基础设施；数字经济主要是平台经济等；数字化经济主要指数字经济的运用，包括宽口径的现代农业、算法经济等。这种定义虽然将前文所说的狭义与广义的定义混合在一起，但并没有给出确切的行业性质，而是将所有行业运用数字技术都定义为数字经济。Pomfret 等（2019）认为，数字经济的本质就是随着数字技术的发展，消费者可以迅速获得他所需要的服务，通过在网上商店以较低的价格购买产品来节省开支，进一步指出数字经济的核心是数字商品和服务部门。《俄罗斯联邦数字经济计划》关于数字经济的阐述为：数字经济的关键生产要素是数字形式的数据，是一种可以促进信息空间形成的经济形态，数字经济相关内容包括公民与社会对获得高质量和真实数据的需求、俄罗斯的信息基础设施、创造和使用俄罗斯的ICT，以及为社会和经济领域发展形成的新技术基础（Smirnov et al.，2019）。Khurramov（2020）认为，数字经济这个术语包含了数字技术对生产和消费的影响，主要包括商品和服务的营销、交易和支付方式。随着对数字经济的深入研究，俄罗斯学者更多地将数字经济定义为使用数字技术生产商品，学术文献更多地将数字经济解释为资源、流程、结构和商业模式（Zaistev，2019）。

在非定义方面，中国学者主要从理论出发，结合学科背景定性给出数字经济的内涵。例如，张鹏（2019）以马克思唯物辩证法的视角指出事物发展的动力是矛盾，为了真实揭示数字经济的运行规律，需要从资源配置优化与社会发展之间的内在关系出发，从唯物辩证法角度构建数字经济本质的解释框架。

综合以上文献可以看出，数字经济与农业经济、工业经济存在明显的区别，在数字经济系统中，一切信息和一切事物都可以数字化（任泳然，2020）。而一般在学术文献中，数字经济狭义上指数字产业化，广义上指产业数字化（李晓华，2019；郭晗、廉玉妍，2020）。现有文献显示，狭义上的数字经济主要指ICT形成的商业模式，广义上的数字经济不仅包括这一部分内容，还应涵盖以数字技术为基础的经济活动（丁志帆，2020）。Chen（2020）认为，数字经济应包括数字化数据及数字化数据驱动的经济活动。当然，随着数字经济的发展，数字经济也会挑战传统经济的既有假设和框架，带来新的研究问题（孙杰，2020）。例如，数字经济中创新者的价值获取会在工业经济中面临不同的挑战（Teece，2018），数字经济发展过程中带来的平台垄断问题

（熊鸿儒，2019），同时数字经济也给政府治理带来挑战（衡容、贾开，2020）。另外，数字经济也可能带来人际关系问题，从而导致失业和不平等，以及扩大数字化潜力和实际使用价值之间的差距（Curran，2018）。

二 数字经济测算研究

（一）国外数字经济测算研究现状

国外对于数字经济的测算也未明确界定一个统一的方法，数字经济测算体系主要侧重数字社会指数和数字民生指数，同时也侧重数字经济相关产业的测算（万晓榆等，2019）。例如，Larsen（2003）认为，界定数字经济的一个主要问题是衡量技术采用对具体企业和整个经济的影响。Serra-Vallejo 等（2014）提出，衡量数字经济时需要考虑信息和通信技术及互联网在更广泛经济中的普遍作用及其对就业和经济增长的贡献，衡量数字经济需要从基础设施、社会、就业和经济增长方面构建指标。此外，Watanabe 等（2018）强调，衡量数字经济时需要重点关注互联网的巨大进步及创造新颖与独特的服务。为与美国、日本和韩国等国家保持同步，欧盟委员会制定了数字经济和社会发展指数（DESI），该指数可以通过监测数据系统量化宏观和微观层面的技术发展水平（Russo，2020）。Afonasova 等（2019）基于欧盟委员会的数据，提出数字经济衡量应包括数字经济与社会指数的五个组成部分，分别为 ICT 发展指数、全球创新指数（GII）、网络就业指数、互联网共享家庭和高科技出口。International Monetary Fund（2018）的政策性论文指出"数字经济"或"数字部门"之间存在一定差异，并指出衡量数字经济时，存在互联网平台和相关服务缺乏行业和产品分类的问题，衡量指标时也需要重点讨论数字部门的统计问题，主要包括数字部门涵盖的数字化核心活动、信息和通信技术产品服务、在线平台及平台支持的活动（共享经济）。Kokh Larisa和Kokh Yuriy（2019）指出衡量数字经济发展水平主要包括ICT发展指数、华为全球网络指数、电子政务发展指数、数字经济与社会指数、国际数字经济与社会指数、波士顿咨询公司数字经济指数、数字演进指数和伊万诺夫数字指数等，但研究发现几乎所有全球指数的计算方法都没有从国家参与突破性技术研究的立场进行评估，也没有任何指标可以衡量经济和服务的各个部门的数字化水平。

以上数字经济的衡量方式主要是采用现有的相关指数，但也有学者通过详细的指标体系，采用主成分等方法构建数字经济的衡量方式。例如，Hrustek等（2021）从电子商务、电子银行、电子工作（远程工作）和电子就业四个方面的影响因素考虑，采用主成分分析法验证数字经济的关键性影响因素，其主成分因子得分可以作为数字经济发展水平的衡量指标。Banga（2022）从通信基础设施、技术资产和软件资产三个方面采用主成分方法构建了企业数字化能力。Novikova等（2020）在计算区域经济数字化的综合指标时，采用了将单个指标转换加总的方法，计算方法基于12个具体的指标，每个指标都描述了数字经济和数字技术在中国领土上的渗透情况，当指标的总和一样时，指标的权重相等。Chirkunova等（2021）基于数字化的监管和管理、专业人才和培训计划、研发工作水平的研究能力和技术储备的可用性、信息基础设施、信息安全、数字化经济指标、数字化应用的社会效应七个方面衡量俄罗斯数字经济发展水平，并计算了各个地区的数字经济综合值。作为数字经济最发达国家之一的美国，美国经济分析局（Bureau of Economic Analysis，BEA）独立开发了初步的数字经济统计数据，旨在推进协调与国际可比的数字经济测量，包括建立数字经济卫星账户的初步工作和关于量化"免费"数字媒体价值的相关研究，以及数据的处理和测量（Strassner and Nicholson，2020），但该数据依赖于与其他统计组织的协商。

在数字经济欠发达国家或地区，衡量数字经济的方法较单一或者借鉴欧美的做法。例如，Lestariningsih 等（2018）使用印度尼西亚国家经济调查数据中的互联网普及率和 ICT 发展指数衡量数字经济发展水平。在数字经济相对落后的越南，Van 和 Duy（2020）提出，数字经济的衡量标准对促进越南经济发展具有极其重要的作用，但越南并未形成完善的数字经济衡量指标。为此，Van 和 Duy（2020）建议，越南使用指标测算得到的数字经济指数应与美国联邦经济部、加拿大联邦经济部和英国联邦经济部制定的标准进行比较。Butenko 和 Isakhaev（2020）也遵循经济合作与发展组织（Organization for Economic Cooperation and Development，以下简称"OECD"）的数字经济衡量框架：数字基础设施、数字订购交易（电子商务）、商品和服务的数字化交付。此外，García-Herrero 和 Xu（2018）采用投入产出表中 ICT 的规模，衡量中国数字经济规模。Kutnjak 等（2020）通过构建并赋予数字经济连接性、人力资本、互联网使用情况、数字技术整合和数字公共服务五个维度的权重，采用决策树的方法，识别数字经济和社会指数的影响维度。

在数字经济测算的理论研究中，Artemieva（2020）强调与构建数字经济统计新模式有关的问题，认为该模式一方面要整合信息社会统计领域的全部现有方法和方法论阐述，另一方面要为数字化的各个方面提供新的统计测量方法，需要确定与建立适当的信息基础有关的主要问题，以此构建报告数字经济组成部分的指标，并在理论上概述解决这些问题的方法。Watson（2018）认为，在数字经济测量过程中，与一些信息和通信技术产品有关的 GDP 增长被错误地估计了，且与数字服务有关的误测可能更严重，数字化误测最终可能是由一个或者许多个单独的小型误测来源导致的，进而使数字经济在官方统计中的可信度较低。Butenko 和 Isakhaev（2020）认为，在衡量数字经济时，需要运用众包、网络利用、机器学习等新的数据来源、采集和评价手段，确保经济数字化带来的新现象能在经济社会统计中得到反映。进一步地，Butenko 和 Isakhaev（2020）结合俄罗斯实际情况，提出技术是数字化的基础，在评估数字经济时必须考虑计算机及其网络，也需要考虑数字经济所依赖的系统、软件、服务和结构等。

（二）国内数字经济测算研究现状

国内数字经济相关指标的构建还处于摸索探讨阶段，起始阶段学者采用互联网发展指数或者数字经济相关产业测算衡量数字经济。例如，崔保国等（2018）提出，数字经济报告中使用的统计测算方法是将数字经济分为数字产业化与产业数字化，需要同时考虑数字产业与产业贡献；黄慧群等（2019）选择相关指标体系，使用主成分分析法测算得到互联网综合发展指数；Dong 和 Han（2019）认为，数字经济的核心是需要测算出数字经济中核心产业的总量，具体测算方法是通过 ICT 投入的贡献参数乘以投入的数量计算得到的。

在理论分析上，万晓榆等（2019）以治理环境理论为基础，给出了详细的数字经济投入产出评价指标体系。而有关数字经济测算的文献更为缺乏，且数字经济指标的构建主要集中于省级层面。例如：刘方和孟祺（2019）采用统计指标与回归的方法，从数字经济基础产业和数字经济融合两个方面构建了数字经济测度模型；温珺等（2019）从基础设施和渗透程度2个二级指标出发，选择固定电话用户数、移动电话用户数等6个三级指标，运用综合评分分析法构建省级层面数字经济发展水平；温珺等（2020）以省级面板数据为例，从基础设施和应用程度2个一级指标考虑，并细分11个二级指标，采用因子分析方法得出数字经济发展水平；刘军等（2020）从信息化发展、互联网发展与数字交易发展三个方面构建了省份层面数字经济评价指标；宋洋（2020）以省级层面数据为例，将数字经济分为直接效应和间接效应分别进行测算，其中直接效应基于数字技术的收入与网站数测算，而间接效应基于计算机使用数与电子商务的销售采购，数字经济的两种效应均采用无量纲化的数据进行等权重法计算；曾燕（2021）从用户规模、产业规模、人力资源和创新四个维度，构建出中国省级层面的数字经济衡量指标；吴晓波等（2020）在构建创新型经济发展评价指标时，采用信息传输、软件和信息技术服务业生产总值及软件业务百强企业数量衡量数字经济；肖国安和张琳（2019）从数字化基础设施、数字生态化、数字人才和数字滞后产业值四个方面，构建省级层面数字经济；蒋树雷和张臻（2020）则借鉴该指标体系，采用熵权法测算了2010—2019年中国30个省份的数字经济发展水平；吴恬恬（2020）构建网络基础、数据基础、移动基础等9个二级指标，再详细构建出反映二级指标的14个三级指标，采用熵权法测算得到省级层面的数字经济发展水平；葛和平和吴福象（2021）从发展环境、数字产业化、产业数字化与数字化治理四个维度构建指标，使用熵权TOPSIS方法测算了中国数字经济发展水平；蔡延泽等（2021）也沿用该指标体系，测算了中国省级层面数字经济发展水平。

在城市层面，数字经济构建指标仍较为缺乏，部分学者直接采用研究院发布的指数进行衡量（党琳等，2021）。部分学者通过构建指标予以测算，例如：赵涛等（2020）选取五个指标维度，采用主成分分析法构建了城市数字经济综合发展指数；姜松和孙玉鑫（2020）以290个城市的截面数据，从基础分指数、产业分指数、双创分指数和智慧民生分指数维度，采用加权平均法构建了数字经济的衡量指标。少部分学者不直接构建数字经济的指标体系，而是基于选择数字经济的不同层面，选择每一个具有代表性的维度指标进行计算。例如，熊励和蔡雪莲（2020）选择互联网接入用户数作为数字经济基础设施指标，选择科研人员数量和大学生数量分别作为人才投入和数字素养衡量指标，选择高技术企业数量作为数字应用指标。杜传忠和张远（2021）则采用腾讯研究院发布的数字经济指数衡量城市数字经济发展水平，同时也使用中国社会科学院信息化研究中心发布的智慧城市指数及城市数字金融指数衡量城市数字经济发展水平。此外，中国通信企业或者研究院也给出了中国数字经济指数报告，例如腾讯研究院给出了"互联网+"数字经济指数。也有学者采用标准的生产函数法估算数字经济发展的水平（García-Herrero and Xu, 2018）。

第二节 制造业创新效率研究进展

一 制造业创新效率内涵

中国学者将技术创新的内涵运用到产业创新上，认为技术创新在很大程度上包括产业创新。关于产业创新内涵研究的文献包括：陈丹（2006）认为，企业突破已有产业约束，打破现有的产业结构，创造全新的产业的过程就是企业创新；邹鲜红（2010）认为，技术创新效率主要关注创新的投入产出；姜博（2015）认为，产业的技术创新内涵包含了微观的企业技术创新和宏观层面的产业结构升级、技术溢出与扩散等。而创新效率是一种投入产出关系，Farrell（1957）提出，生产前沿面或生产可能性边界，这是最早的效率测算方法，该方法解释了在特定技术条件下，投入与产出之间的关系。其后，Afriat（1972）认为，一个可行的投入产出是技术有效的，并提出研发创新活动的技术效率。因此，制造业创新效率可以概括为：在一定的技术条件下，制造业企业投入的生产要素尽可能得到最大的创新产出。

二 制造业创新效率测算

创新效率的测算主要基于投入产出指标计算得到，现在文献主要采用 SFA 方法和 DEA 方法测算某个行业或者产业的创新效率。

（一）随机前沿方法

以随机前沿方法（SFA）测算创新效率的文献主要包括：韩

晶（2010）以新产品开发经费和科技人员活动数量为投入指标、新产品销售收入为产出指标，基于 SFA 测算了中国制造业的创新效率。牛泽东和张倩肖（2012）选择研发资本存量、科技活动人员和新产品开发资本存量作为投入指标、专利申请和新产品产值作为产出指标，采用基于产出距离函数的随机前沿方法（SFA）测算了中国装备制造业的技术创新效率。姜博（2015）在测算城市层面装备制造业创新效率时，选择科技活动人员与新产品开发经费投入作为创新投入指标、专利申请数与新产品产值作为创新产出指标，使用 SFA 测算了装备制造业创新效率。

（二）数据包络方法

数据包络方法（DEA）具有多种形式，可以通过设定 DEA 模型求解创新效率，为此学者普遍采用该方法测算创新效率。例如：邹鲜红（2010）以研发人员全时当量、研发经费内部支出、技术引进、改造及消化吸收经费支出为投入指标、新产品销售收入和发明专利申请授权量为产出指标，使用 DEA-Malmquist 指数法测算了中国医药制造业技术创新效率；丁勇和刘婷婷（2011）运用 DEA 中规模效率可变的 CCR 模型测算了中国航空制造业的创新效率；刘秉镰等（2013）以 R&D 人员全时当量和研发投入为投入指标、新产品销售收入和全员劳动生产率为产出指标，采用 Metafrontier 和 DEA 模型定量测算了中国省级层面医药制造业创新效率；郭兵（2014）设置技术改造与引进等指标作为投入指标、新产品产值、形成国家或行业标准项、专利申请量和发表科技论文作为产出指标，运用改进的超效率 DEA 测算了上海中低技术制造业的技术创新效率；高智和鲁志国（2019）也采用超效率 DEA 测算了装备制造业的创新效率；韩庆潇等（2015）以科技活动人员和科技活动经费内部支出总额为创新投入指标、专利申请数和新产品产值为创新产出指标，采用 DEA-Malmquist 方法测算了中国制造业的创新效率；叶红雨和杨雨婷（2015）以人力资源和研发经费投入为投入变量、专利申请数与新产品销售收入为产出变量，采用三阶段 DEA 测算了中国医药制造业技术创新效率，杨善奇和谈镇（2015）则采用 DEA-Malmquist 方法测算了中国制造业自主创新效率；韩庆潇等（2017）以企业技术人员和研发支出为创新投入指标、无形资产和专利申请数为产出指标，采用 DEA-Malmquist 方法测算了战略性新兴产业上市公司的创新效率；赵磊（2018）采用 DEA 中的 CCR 模型测算了中国制造业各环节的创新效率，其中 R&D 资本存量、R&D 人员全时当量、办研发机构企业数和仪器和设备原价为投入指标，专利申请数和新产品销售收入为产出指标；肖仁桥等（2018）以研发人员全时当量、R&D 经费内部支出和引进消化吸收费用为投入指标、专利授权量、新产品销售收入和主营业务收入为产出指标，使用并联网络 DEA 测算了中国省级层面高技术制造业的创新效率；李士梅和李安（2018）选择企业研发费用与技术人员数量作为投入指标、专利数量和无形资产作为创新产出指标，采用 DEA-Malmquist 方法测算了中国高端装备制造业的创新效率，并分解了纯技术效率和规模效率；刘冬冬等（2020）以 R&D 人员、R&D 资本存量和进口中间品为创新投入指标、新产品销售收入为创新产出指标，使用传统 DEA 方法测算了制造业创新效率。

此外，少数文献也会使用单一指标衡量企业创新绩效，例如 Kim 和 Park（2008）使用两个虚拟变量衡量企业创新绩效，采用企业生产的产品中是否具有产品创新或者工业创新的虚拟来衡量企业创新绩效。

第三节 数字经济影响制造业创新效率研究进展

一 国外研究进展

国外学者研究数字经济与制造业效率的文献，并不是直接从数字经济与制造业两个很明显的对象出发的，而是更多地关注数字经济作用于微观的个人、企业所带来的影响。其中，在理论研究方面，Choudrie 和 Dwivedi（2006）研究发现，ICT 的基础设施设备可以通过提高效率与节省成本激发企业创新；Rampersad 和 Troshani（2013）认为，通信和信息技术（ICT）投资政策对数字经济转型至关重要，并探讨了 ICT 通过塑造技术能力实现组织的创新，发现创新导向以增强企业应用的灵活能力提升创新绩效和服务创新质量，进而影响企业整体创新活动；Gault（2019）认为，企业、广义政府和部门的用户创新在流程创新中，使用的云计算、分布式数据库进行保存的记录需要适应大数据和人工智能，在使用数字技术时，机构单位必须雇用技术人员培训其员工使用这些技术，数字技术会影响企业、政府部门和 NPISH 部门的创新建设计划；Klymchuk 等（2020）在数字经济背景下，理论上构建了结构功能模型评估数字经济对企业活动的影响，并发现企业经济增长的关键是数字技术的引入；Ranta 等（2021）以四个具有循环经济商业模式的北欧企业为研究对象，通过访谈和文件数据的多案例研究发现数字技术影响企业商业模式创新的机制，并构建数字技术催化循环经济商业模式创新的模型，研究发现各个国家通过研究财政支持企业、公共研究组织来加强人工智能和大数据分析等关键数字技术的创新。

在实证研究方面，Watanabe等（2018）以森林为基础的生物经济转型，不仅为生物经济也为商业创新提供了借鉴方法，以该理论为基础，从产业链上游和下游最前沿的核心业务活动进行实证分析，探索了数字经济中所有行业采用数字解决方案可以构建创造性的颠覆性平台。Bouncken等（2020）实证分析了联合办公空间（Coworking Space，CWS）在赋能数字和共享经济中的创业与创新效应，探讨在数字经济和共享经济下，现有企业和CWS如何影响工作满意度并增强创新和创业绩效。Sreckovic（2020）以奥地利、德国和瑞士的建筑、工程和施工（Architecture, Engineering & Construction，AEC）行业的176家公司为样本，实证分析了数字经济中的组织创新，研究发现由于数字技术的无边界特性，价值链和传统商业模式被新的以网络为中心的组织形式和价值共创模式替代，同时企业通过数字能力整合跨传统行业边界资源的能力提升了企业创新潜力。

数字经济与创新的其他研究内容包括：Ciocoiu（2011）研究了数字经济背景下罗马尼亚知识产权保护、经济增长和创新的情况，研究得出在数字经济大背景下，知识产权保护对经济增长和创新具有重要的影响作用，需要改变相关法律背景以适应数字经济引发的变化。此外，Gautier和Lamesch（2021）实证研究了数字经济下的企业并购，得出科技领先巨头收购年轻公司并没有取得想要的成功，收购的动机是资产或研发工作，研究结果表明，数字经济下科技巨头的收购并不利于初创企业的发展。Demidenko

等（2018）构建了数学模型，阐述数字经济条件下开展创新活动的企业经济模式的概念。

二 国内研究进展

随着中国数字经济的快速发展，数字经济作用微观企业的研究逐渐丰富，研究内容呈现多元化。在理论研究方面，张佳悦（2018）提出，利用信息技术助推制造业创新体系构建的必要性。而数字经济源于数字技术的发展，数字新技术引领生产制造，实现智能化生产，数字技术可用于研发新流程的信息（陈晓红，2018），进而提高制造业的生产效率。张昕蔚（2019）认为，在数字经济时代，创新过程涉及新技术的创造和产业化运用，以及资源配置方式、生产组织方式和制度安排的变革，是创新主体与环境之间相互作用的结果，企业创新不能只依靠企业的自身资源。数字经济可以为制造业带来智能生产和智造模式，降低生产成本、提升运行效率，有利于促进制造业高质量发展，进而促进新制造模式的产生（曹正勇，2018）。温军等（2020）研究发现，数字化转型为企业创新提供了新机遇。荆浩和尹薇（2019）则认为，数字经济可以通过数字技术平台加快与传统制造业的融合，加速制造业的商业模式创新步伐，进而以数字经济驱动制造业企业数字化创新。

由此可知，数字经济对企业创新产生较大影响，其影响程度随着数字经济的特征产生新的模式。例如：杜传忠和张远（2021）认为，数字经济的技术创新效应主要通过缓解创新要素错配来提升企业创新水平；祝合良和王春娟（2020）在理论上发现，数字经济可以带来效率提升效应和创新赋能效应，其中在效率提升效应上，数字经济可以提高研发、制造、流通和交易效率；在创新赋能效应上，数字经济带来产品、业态和模式创新。但梳理数字经济对企业制造业创新效率相关文献发现，尚缺乏数字经济对制造业创新效率影响的定量研究。文献更多地集中于讨论数字经济如何促使企业变革，但主要还是从定性的理论角度探讨数字经济如何影响企业的创新行为。

部分文献从企业微观视角出发，基于产品、消费者、组织结构、运行模式等视角理论探讨数字经济给企业创新带来的影响。例如，赵西三（2017）在理论上阐述了企业产品的设计研发过程中，制造业企业可以借助数字化的平台打破与消费者的隔阂，让消费者的需求反映到产品设计研发中，这样数字经济让更多的消费需求信息以低成本的方式反馈到研发设计部门，使制造业企业更加有动力对新产品进行开发，迸发出新的创新思想；荆文君和孙宝文（2019）在经济理论分析框架下，研究发现数字经济可以满足消费者多样性需求，也为消费者提供了多样化服务或产品，同时多样化的需求或者服务扩展了市场边界，为中小企业进行创新活动提供了生存空间；戚聿东和肖旭（2020）在理论上探讨了数字经济快速发展的工业企业组织结构会逐渐趋于网络化和扁平化，使企业战略发生转变，进而对组织结构进行创新，同时也指出数字经济使企业研发模式趋于开放化和开源化，这种企业研发模式降低了隐性知识的试错成本，使企业有更多资本进行产品迭代，有利于企业的技术创新；谢康等（2020）认为，企业在自主决策时，数字经济的网格制可以促使企业形成多样化的创新能力；杨佩卿（2020）在理论上探讨了数字经济提升制造业发展质量的理论机制，研究发现，数字经济与制造业深度融合，可以创新生产制造服务模式，改变创新的应用模式；温珺等（2020）从理论分析得出，在企业层面，数字经济可以带来更透明的市场，迫使企业通过创新升级得以生存和发展，同时使数字经济为企业从事创新活动提供条件，在中观层面，数字经济通过创新平台催生出创新系统；谢康等（2021）提出，数字经济生产力在适应创新的两个主要特征中，企业可以借助普通消费者的数据化参与促进产品创新及形成组织动态能力和创新能力，如制造业企业的竞争能力可以通过智能制造形成。此外，大数据、人工智能等新一代信息技术在各行业中的渗透，改变了企业与消费者的互动关系，促进商业模式变革，是中国实施创新驱动发展战略的基础，数字经济已然成为经济增长的新引擎（谢康等，2020）。

在定量检验方面，缺乏直接采用计量或者数理模型研究二者之间内在关系的文献。通过梳理文献发现少部分与之相关的研究内容：黄慧群等（2019）从城市、行业和企业三个角度研究发现互联网发展指数对中国制造业生产效率具有显著的促进作用，研究发现，城市互联网发展指数可以显著提升制造业生产效率，在机制检验中，探讨了交易成本的降低、资源错配的减少及提高创新对制造业生产效率的内在机制；党琳等（2021）实证研究发现，数字经济对制造业合作创新绩效具有显著的提升作用，且数字经济通过改善创新环境影响合作创新绩效，外来投资与 VC/PE 活跃度是数字经济影响合作创新绩效的具体作用机制。此外，还有部分文献探讨了数字经济的区域创新效应。例如，温珺等（2020）研究发现，数字经济对区域创新虽然具有显著的正向提升作用，但潜力并未充分发挥，数字经济水平高的区域创新影响大，最后提出在推进新型基础设施的同时，将新型数字经济与当地制造业融合从而缩小地区差距的建议。

第四节　文献评述

学术界对数字经济并没有给出统一的定义，同时数字经济也没有明确的含义分类与边界（张伯超、沈开艳，2018）。在狭义的定义中，数字经济的发展逻辑是基于数据及以大数据为基础发展起来的生态产业链（陈兵，2019）。数字经济因具有产业边界模糊化的特征，将所有运用到数字技术进行的经济活动都称为数字经济，在学术上，国外学者逐渐将数字经济定义为资源、流程、结构和商业模式（Zaistev，2019），商品和服务营销、交易支付方式等（Khurramov，2020），中国学者遵从这一定义模式，并从马克思辩证唯物视角定义了数字经济的本质框架（张鹏，2019）。这些定义在本质上也许更能说明数字经济的内涵，但难以度量。

因此，将狭义上的数字产业化和广义上的产业数字化纳入指标体系更加合理，同时将与数字经济有关的基础设施、基础行业和服务行业也纳入数字经济范围进行研究，更具有说服力。主要的原因在于：一是许宪春和张美慧（2020）将数字经济的内涵理解为基于互联网等现代信息技术进行的经济活动的总和，这包括数字经济的基础产业和服务业。从定量测量的角度考虑，数字经济主要包括数字经济相关的业务基础设施、以计算机网络为媒介的活动和服务（Mesenbourg，2001），可以将数字经济宽泛地定义为以数字技术和相关基础服务的生产为基础的 ICT 部门，包含软件制造业、信息服务业、数字内容产业（Bukht and Heeks，2017）。二是数字经济发展较晚，只考虑狭义的定义，将数字经济归于一个产业而缺乏数据支撑，可能也存在衡量偏误的问题。三是数字经济的广义定义主要是考虑数字化产业和互联网产业对其他产业的贡献，且考虑了产业之间的渗透。因此，在狭义与广义的理解上，进一步将数字经济的基础产业和数字经济相关服务产业纳入，考虑数字经济服务业的贡献更能准确定义数字经济的内涵。

  国外学者的测算方法是基于国外数字经济发展情况，可能并不符合中国的数字经济测算。国外学者大多基于本国国情与数字经济发展情况，采用数字经济与之关联的社会发展、生活就业等指数衡量数字经济。这些指数的构建方式更多基于国外数字经济与社会发展的渗透数据，通过复杂的方法计算得到的指数，并不适合中国数字经济发展的衡量标准。中国信息通讯研究院关于数字经济的测算维度偏宏观且宽泛，测算的方法也并未完全公开，这些测算方法值得推敲（温珺等，2020）。中国学者对数字经济发展水平衡量方式主要基于省级层面，根据数字经济的基础行业选择相关指标，采用主成分或熵权法计算出数字经济发展水平。城市层面的数字经济主要根据城市数据的可得性构建指标，采用主成分、加权平均法计算得到，部分研究直接采用腾讯研究院发布的数字经济指数衡量数字经济发展水平。本书采用这些单一的方法为实证提供基础，根据这些计算方法从数字经济基础设施、产业数字化和数字产业化构建出适合的指标体系，并使用多种方法测算数字经济发展水平，显得更加合理。

在对制造业创新效率衡量中，使用两个虚拟变量衡量企业创新绩效（Kim and Park，2008），并不适合中国上市制造业企业，且构造的虚拟变量在中国的上市企业中也并未完全披露，缺乏数据支撑。大多数文献采用专利申请量或者授权量，使用 SFA 或 DEA 测算制造业创新效率，这些单一的测算方法并不能很好地说明实证的稳健性，为此本书采用发明专利、实用新型专利、外观设计专利的授权量综合考察制造业企业创新产出的衡量指标。同时，从企业整体创新效率、创新质量效率与创新数量效率衡量创新效率及采用专利申请量测算创新效率，验证本书估计结果的稳健性，更加全面地考虑企业创新效率的类型。

在数字经济对制造业创新效率影响的文献中，国外学者更多地从理论上分析数字经济对企业组织带来的影响，分析数字经济对企业影响的模式，较少涉及计量方法的检验。国内学者也主要从理论上探讨数字经济赋予制造业创新模式及作用机制，从产品、消费者、组织结构、模式等视角理论探讨数字经济给企业创新带来的影响。在实证研究方面，仅仅探讨了数字经济对制造业生产效率和合作创新绩效的影响。然而，这些研究尚缺乏数字经济对制造业创新效率影响的系统探讨。从既有文献来看，首先，以往研究基于数字经济对制造业创新效率的影响仍停留在定性分析和基础理论总结上，缺乏理论模型和有效的实证模型进行验证，特别是缺少数字经济对微观企业创新效率的实证检验。其次，在既有的文献中，缺乏数字经济影响制造业创新效率的内生性问题的探讨，未保证估计结果的稳健性。最后，缺乏定量分析数字经济通过何种方式间接影响制造业创新效率的内容，以往研究内容并未较系统地探讨数字经济影响制造业创新效率的作用途径。因此，系统地探讨数字经济如何影响制造业创新效率及作用机制具有重要的现实意义与理论意义，这也是本书的主要边际贡献。

第五节 小结

通过梳理数字经济影响制造业创新效率的相关文献，从数字经济研究进展、制造业创新效率研究进展和数字经济影响制造业创新效率研究进展三个方面进行文献综述，并对文献进行了评述。在构建数字经济具体测算指标时，国外的研究体系并未公布具体测算公式，其数字经济发展与中国相比也存在较大差异。因此，根据文献选择符合中国数字经济发展特征的衡量方法变得尤为重要。根据现有文献研究，并结合后续实证的研究，从数字产业化和产业数字化构建指标，并将数字经济有关的基础行业、服务行业、人力资源、产生的经济活动统一纳入数字经济定义范畴。

在对制造业创新效率的衡量中，国外学者采用企业是否具有产品创新或者工业衡量企业创新绩效，而中国大部分学者采用专利申请量或者授权量，使用SFA或DEA测算制造业创新效率。梳理数字经济影响制造业创新效率的文献发现，前期文献重点探讨了数字经济如何作用于企业活动，或者定性叙述数字经济如何影响企业创新，尚缺乏定量分析数字经济如何影响制造业创新效率的文献。最后，总结文献内容得到本书对数字经济内涵的看法，以及测算数字经济与制造业创新效率的方法，以期对数字经济影响制造业创新效率的研究提出一些思路。

第三章　数字经济影响制造业创新效率的理论机制

本章主要从数字经济直接影响制造业创新效率和间接影响制造业创新效率两个方面展开分析。数字经济直接影响制造业创新效率部分从数理模型与直接影响作用途径两个角度进行阐述。其中，数理模型验证主要根据消费者、企业与企业创新选择构建数理模型分析数字经济对制造业创新效率的影响。直接影响作用途径主要依据文献阐述数字经济如何直接影响制造业创新效率。而在间接影响理论分析中，分别从微观企业层面和宏观城市层面阐述数字经济影响制造业创新效率，其中，微观层面从政府补助、企业税收优惠与制度性交易成本三个方面探讨，宏观层面从人力资本、创新环境与产业集聚三个方面考虑。

第一节　直接作用机制分析

一　数理模型构建

本节从消费者、企业和企业创新选择构建数学模型验证数字经济对制造业创新效率具有提升作用。借鉴沈国兵和袁征宇（2020）的文献，本书认为，数字经济通过提升企业交流与学习效应，带来信息搜寻成本与匹配成本的下降，降低企业制度性交易成本，以及为企业带来政府补助效应与税负效应，从而降低创新活动的边际成本，进而促进企业创新，提升企业创新效率。

对于消费者而言，借鉴 Melitz（2003）、沈国兵和袁征宇（2020）的文献，假设典型消费者对异质性产品的效用函数满足不变替代弹性效用函数形式：

$$U = \left[\int_{\omega \in \Omega} q(\omega)^\rho d\omega\right]^{\frac{1}{\rho}}, \rho = \frac{\sigma - 1}{\sigma} \qquad (3.1)$$

式中：$q(\omega)$、σ 分别为产品 ω 的消费量、替代弹性。同时将价格指数和消费者总收入设定为

$$P \equiv \left[\int_{\omega \in \Omega} p(\omega)^{1-\sigma} d\omega\right]^{\frac{1}{1-\sigma}}, R \equiv \int_{\omega \in \Omega} r(\omega) d\omega, Q = \frac{R}{P} \quad (3.2)$$

对于企业而言，参考 Bustos（2011）的文献，将企业的成本设定为由不变的边际成本 $1/\varphi$ 与一次性固定支出 f 组成，对于不进行数字经济活动转型企业的总成本可以将其设定为

$$T_l = f + \frac{q}{\varphi} \qquad (3.3)$$

对于数字经济活动转型的企业，需要付出更多固定成本，为此引入成本影响因子 η，那么进行数字经济活动转型的企业的总成本为

$$T_d = \eta f + \frac{q}{\varphi}, \ \eta > 1 \qquad (3.4)$$

式中：φ 为生产率；q 为产品产量。进一步假设工资 $w = 1$，则垄断竞争条件下产品定价为

$$p(\varphi) = \frac{w}{\rho\varphi} = \frac{\sigma}{(\sigma-1)\varphi} \quad (3.5)$$

对于不进行数字经济活动转型的企业，利润函数表示为

$$\pi_l(\varphi) = r(\varphi) - T_l = \frac{q}{\rho\varphi} - f - \frac{q}{\varphi} = \frac{r(\varphi)}{\sigma} - f = \frac{R(P\rho\varphi)^{\sigma-1}}{\sigma} - f$$

$$(3.6)$$

进行数字经济活动转型的企业，利润函数表示为

$$\pi_d(\varphi) = r(\varphi) - T_d = \frac{q}{\rho\varphi} - \eta f - \frac{q}{\varphi} = \frac{r(\varphi)}{\sigma} - \eta f = \frac{R(P\rho\varphi)^{\sigma-1}}{\sigma} - \eta f$$

$$(3.7)$$

企业利润函数设定后，参考 Guadalupe 等（2012）的文献，假设企业的创新人力资本投入为 γ，一次成功的创新能将企业生产率提升为 $\gamma\varphi$。那么企业的利润可以表示为 $\pi(\varphi) = \frac{R(P\rho\gamma\varphi)^{\sigma-1}}{\sigma} - f$，设 $\lambda = \gamma^{\sigma-1}$，$\gamma$ 为企业创新投入水平。参考 Akcigit 等（2018）的设定方法，在创新成本中引入企业进行数字经济活动，企业创新投入水平依赖人力资本质量，而人力资本依赖创新个体的创新效率，为此可以将创新对企业生产率的贡献设定为

$$g = M\theta \quad (3.8)$$

式中：M 为企业效率；θ 为创新的边际投入成本。

假设成功的创新对生产率具有促进作用，企业创新投入水平是严格外生的，即 $g = \lambda$。那么根据公式创新投入水平的差异就可以反映为成本系数 c 的差异：

$$\theta = \frac{\lambda}{M} = c\lambda, \quad c = \frac{1}{M} \quad (3.9)$$

企业进行数字经济活动可以降低信息搜寻成本与匹配成本，降低企业制度性交易成本，以及为企业带来政府补助效应与降

低税负效应，提升了企业综合效率。因此，$M^d > M^l$，其中 d 为企业进行了数字经济相关活动，l 为企业没有进行数字经济相关活动。由于本书模型中存在 $\theta_d = c_d\lambda = \dfrac{\lambda}{M^d}$，$\theta_l = c_l\lambda = \dfrac{\lambda}{M^l}$，因此可以得到

$$c_d < c_l \tag{3.10}$$

式中：c_d 为企业参与数字经济活动的企业成本；c_l 为未参与数字经济活动的企业成本。假设企业创新成本函数满足

$$C_d(\lambda) = \frac{1}{2}c_d\lambda^2,\ C_l(\lambda) = \frac{1}{2}c_l\lambda^2 \tag{3.11}$$

根据生产函数，就可以分别得到企业的利润函数：

$$\pi_l(\varphi) = \frac{R(P\rho\varphi)^{\sigma-1}\lambda}{\sigma} - f - \frac{1}{2}c_l\lambda^2$$

$$\pi_d(\varphi) = \frac{R(P\rho\varphi)^{\sigma-1}\lambda}{\sigma} - \eta f - \frac{1}{2}c_d\lambda^2 \tag{3.12}$$

为了使式（3.12）中的利润最大，对其一阶求导可得

$$\lambda_l = \frac{R(P\rho\varphi)^{\sigma-1}}{c_l\sigma}$$

$$\lambda_d = \frac{R(P\rho\varphi)^{\sigma-1}}{c_d\sigma} \tag{3.13}$$

由于 $c_l > c_d > 0$，可得 $\lambda_d > \lambda_l$。因此，企业进行数字经济活动，可以降低企业制度性交易成本效应及政府补助效应与税负效应，使企业创新投入水平提高，有利于企业创新效率的提升。

二 直接作用机制理论分析

通过梳理国内外文献，发现数字经济发展初期对企业创新可能存在不利影响，但随着数字经济的快速发展，这种不利影响逐

渐削弱，继而转化促进企业创新的驱动因素。以下为数字经济直接影响企业创新效率的理论解释。

(一) 初期不利影响

创新是经济增长和幸福的关键驱动力，有助于提高企业生产力和竞争力（Planes-Satorra and Paunov，2019）。现有文献研究表明企业运用 ICT 可以促进创新，但仍然存在不足与质疑（Patel et al.，2012）。尤其在数字经济背景下，数字化转型可能会给创新生态系统带来一些问题，为了适应新技术，部署新技术和实施组织变革的知识不足可能阻碍创新（Planes-Satorra and Paunov，2019）。在这种背景下，企业和部门采用新数字技术的能力和资源存在差异，这不仅可能降低这些创新促进生产力增长的潜能，更可能扩大企业部门之间的生产率的差距，从而可能导致"二元经济"，即创新、技术先进、高生产力的部门与从新技术中获益不多的传统、低生产力部门并存（Planes-Satorra and Paunov，2017）。当面临市场失灵和不完善情形，创新的私人收益因知识外溢而低于社会收益时，可能出现不允许发明者从创新中获得利益，减弱创新动力的局面。只有数字技术发达，才会对生产力产生影响，而现在工业化国家的生产力面临着明显的下降，这引发了数字经济中可能存在的生产力悖论问题（Watanabe et al.，2018；Afonasova et al.，2019）。同时，数字化转型可能增加知识的外溢性（数据的流动性），这更可能降低创新投资水平。

在其他市场失灵方面，市场对现有数字技术的偏见，以及规模经济和网络效应产生的障碍（如数字平台），这些都可能阻碍数字经济时代的创新（Planes-Satorra and Paunov，2019）。数字经济还可能给中小企业融资带来困难，因为与数字经济相关的新产品处于技术前沿，产品在市场上可能会非常成功，也可能完全失败，这导致中小企业向融资提供者展示新产品或商业模式的价值可能更加困难，并不能很好地控制风险和占领市场。

综上，随着数字经济的发展，企业的数字化转型可能给组织变革创新带来阻碍，数字经济的不平衡发展扩大企业部门之间生产率的差距，以及促使知识外溢带来的创新投资水平降低的局面频发，数字经济也会加大中小企业融资带来的困难。

数字经济发展初期可能给企业带来一定的负面影响，但随着数字经济的快速发展给企业带来的红利远远超越数字经济发展初期的负面作用。Planes-Satorra 和 Paunov（2019）指出，随着数字经济的快速发展与渗透，在数字经济下支持企业的创新政策可以在解决资源差异、知识外溢、融资约束等障碍方面发挥关键作用。为此，数字经济对企业创新的影响可能被初期负向作用所掩盖，当数字经济水平低于某个范围时，可能不利于制造业创新效率的提升或不产生显著的作用，只有跨过数字经济门槛值，才有可能提升制造业创新效率。

（二）后期促进作用

以上分析表明，虽然数字经济会带来部门资源差异，导致知识外溢阻碍创新，并给中小企业带来融资困难，进而对企业创新带来负面影响。但数字经济发展的特点是大规模使用最新的信息技术和数据库，有助于国家创新潜力的形成，为高新技术企业的主流化提供必要的条件和基础设施（Anatolievna et al.，2019）。同时，数字经济更多地表现在数字经济能够通过各种渠道创造更具包容性和可持续的繁荣，如降低生产成本、提升现有市场效率、增强市场规模、创造新市场、提高质量和生产力、发展微型和中小型企业，并促进其他部门产生新机会（Margiansyah，2020）。在数字经济发展下，制造数字化使制造商能够开发和实施混合精益敏捷制造生态系统，以支持产品个性化理念（Ghobakhloo，2018）。精益敏捷制造系统的异步制造能力允许大规模生产，有利于满足不断变化的客户需求（Venugopal and Saleeshya，2019），通过改善过程控制措施、促进实时维护、实时监测机器性能、提高调度效率和缩短机器停机时间，有助于提高生产效率和生产力（Lee et al.，2015；Reis and Gins，2017；Ghobakhloo，2020）。数字经济发展带来的数字技术正在提高制造业的制造效率和流程的有效性（Shahatha Al-Mashhadani et al.，2021）。Polyakov 和 Stepanova（2020）的研究发现，在数字经济中建立创新集群可为企业带来三类主要收益：实现高生产率和创新水平、产生并激发行业内新企业、增强集群的竞争力。数字经济的发展彻底改变了传统行业合作的界限，产生了适应性与创新性的商业模式，企业通过数字技术可以有效实现跨传统行业界限的资源整合能力，增加企业的创新潜力（Sreckovic，2020）。

中国的制造业附加值低，存在创新能力不高的关键瓶颈（赵西三，2017）。消费者或者用户实质性地参与到企业的生产活动中，赋予更多的话语权，从需求侧转换到供给侧，是数字经济背景下，企业追求价值最大化的必要条件（戚聿东、肖旭，2020）。数字经济的快速发展可以颠覆制造业附加值低、创新能力不高这一局面，借助数字化的创新平台，重塑传统制造业的研发模式，让消费者深度参与企业的创新研发。数字经济的发展使消费者与企业研发之间的壁垒得以打破，消费者需求的产品可以低成本地反馈至研发部门，使企业围绕市场消费进行开发创新。

数字经济时代，"熊彼特效应"将进一步加大。根据"熊彼特假设"，企业拥有的技术资源和市场掌控力，其研发收益可以有效地转化为补偿成本（董香书等，2022）。在数字经济时代，制造业企业的组织结构趋向网络化与扁平化，可以使数据信息快速传播，且数字经济时代企业创新的"制度惰性"将下降（董香书等，2022），有利于企业创新。数字经济时代，企业创新已由单个个体向创新生态系统转变，企业借助数字经济发展形成新的创新优势。以往制造业企业的数据要素流动存在壁垒，但在数字经济发展下，企业借助数字经济平台加速数据流动，将数据作为新的生产要素，为企业创新提供条件。在这些因素的驱动下，"熊彼特效应"将进一步加强（董香书等，2022），有利于企业创新。同时，数字经济发展构建的数字化平台，可以打破地域限制，打通内外部资源，打破信息不对称，增强集群的竞争力（Polyakov and Stepanova，2020）。调动集聚业内的资源可以方便有效地整合产业链与创新链，并为共同决策完成创新项目（赵西三，2017），提升创新效率。具体可从以下三个方面分析数字经济如何提升制造业创新效率。

（1）数字经济快速发展带来的数字技术是企业创新的外在动因。数字技术能促进企业在商业模式、管理架构等方面进行变革创新（姚战琪，2021），是推动企业进行创新的外在动因。数字经济背景下，制造业企业不得不进行数字化转型，在转型的过程中，企业借助数字技术可以显著降低成本、增加营业收入（姚战琪，2021），使其有更多的研发资金用于创新活动。同时，数字经济的快速发展改变了人工智能、大数据等数字技术的运用（侯世英、宋良荣，2021），这些数字技术也解决了企业缺少融资渠道的问题，让企业有更多的融资方式，减少了企业与市场之间的信息摩擦，优化了企业创新路径，可以有效提升企业创新决策的科学性（Gomber et al., 2018；侯世英、宋良荣，2021）。数字技术的应用还可以优化产业价值分工，促使线上、线下与渠道融合发展，为区域市场整合奠定基础（侯世英、宋良荣，2021）。同质性企业在市场整合的过程中，为了抢占市场份额，更好地发展企业，会主动开展创新行为，积极寻求创新合作，推动技术提高创新要素利用率，进而提高企业创新绩效（李东红等，2020）。进一步从市场角度看，数字经济可以数字化处理生产要素，提高市场的流动性，打破地域限制，提高资源配置效率，为企业的创新提供新路径（Biswas and Kennedy, 2014；侯世英、宋良荣，2021），因此有利于提高企业创新产出，进而有利于提升企业的创新效率。

（2）商业模式与组织结构革新为企业创新提供创新动力。数字经济的发展也给消费者带来多样化的需求，多样化的需求在颠覆了传统的商业模式的同时，带动了市场的发展，使饱和的市场得到释放，从而为中小企业的创新提供了空间（荆文君、孙宝文，2019）。企业借助数字经济平台，能够在创新网络中获得互补性资产，尤其是隐性知识（戚聿东、肖旭，2020）。企业可以借助数字化降低隐性知识的试错成本，加快隐性知识在组织结构中的积累与传播，驱动企业进行组织创新，推动产品创新。进一步地，数字经济带来的互联网平台也促进了高技术劳动力与企业之间的快速匹配，劳动者无须拘泥于传统企业的束缚，企业也能够按需招聘，降低成本，提高创新能力（戚聿东、肖旭，2020）。在数字经济背景下，消费者、用户与研发人员发挥着重要作用，企业可以借助普通消费者的数据化参与促进产品创新及形成组织动态能力和创新能力（谢康等，2021）。因此，数字经济发展为企业带来的商业模式与组织结构创新可以为整个产业提供创新动力，有效提升企业整体创新。

（3）数字经济形成网络组织与空间创新效应。在数字经济下，随着边缘计算与云计算的发展，网络空间将会更多地融入人类社会的经济发展，企业可以将网络空间中的人、物等映射起来（张昕蔚，2019），从而为各类创新要素提供条件。数字经济促使网络空间快速发展，可以有效降低经济系统内的信息不确定性，使企业经济系统内的生产和服务更加精细化，从而为企业组织创新提供基础条件。企业借助数字经济的网络空间可以拥有更优的资源配置方案，通过数字化平台可以为创新活动提供数据支撑和服务。同时，数字化企业可以通过技术研发和软件的组合与模块化，不断拓宽商业生态系统发展网络组织创新及形成企业创新生态系统（张昕蔚，2019）。

综合以上分析，数字经济发展虽然在初期发展会给企业带来部门资源的差异、企业知识外溢及中小企业融资困难等问题，给企业创新带来负向作用。但随着数字经济的快速发展，最新的信息技术和数据库可以为企业提供必要的条件和基础设施，有利于企业顺利开展创新活动。同时，伴随数字经济发展的数字技术成为驱动企业创新的动力，有助于企业形成创新潜力，打破企业之间的壁垒，有利于产业链与创新的整合，形成企业创新生态系统，进而有利于企业创新效率的提升。

第三章　数字经济影响制造业创新效率的理论机制

第二节　间接作用机制分析

一　微观层面分析

在微观企业层面，数字经济间接影响制造业创新效率，主要从数字经济给企业带来的政府补助、企业税负与制度性交易成本三个影响方面进行论述。

（一）政府补助

为了抢占数字经济发展带来的创新红利，政府给予数字经济发展各种政府补贴与财政政策。为了实现企业的创新激励，国家对数字经济行业的补助范围不断扩大，这种补助包括创新激励补贴、研发投入等（余长林等，2021）。从省级数字经济补贴政策来看，广东、贵州、上海等多个省份出台了数字经济中人工智能、工业互联网、大数据细分领域的财政补贴政策。河北、山西、湖北、山东、安徽五个省份为了更好地发展数字经济，出台了包含整个数字经济产业的专项财政补贴政策。为了更好地发展数字经济，数字经济的政府补贴政策逐渐渗透到地级市[①]。

由此可知，为了抓住数字经济发展带来的红利，各省份甚至地级市都会制定给予企业发展数字经济的政府补助政策。现有研究表明，政府补助与企业研发之间存在正相关关系，政府补助可

---

① 例如，温州市数字经济政策在企业上规模、研发平台建设等方面补贴力度较大，提出按企业税收贡献最高补贴 2000 万元，对集成电路制造、封测类项目（不含产业园区类）按其实际投入（含设备和软件投入）的 15% 给予补助，最高不超过 2000 万元。福州市在企业数字化改造、公共平台建设方面补贴力度较大，对智能装备生产企业技改奖励最高 800 万元，支持数字经济行业龙头企业建设公共服务云平台、大数据中心、软件创新中心，最高补贴 1000 万元。

· 51 ·

以有效促进企业创新（任鸽、孙慧，2019；王丽娟、冯丽君，2021）。政府补助的主要目的是提高企业效率和社会效益（余明桂等，2010；杨仁发、李胜胜，2020），而企业效率的提高主要通过科技创新和技术来实现（杨仁发、李胜胜，2020）。一方面，政府补助可以为企业提供现金流，降低企业研发边际成本。另一方面，企业得到政府补助后，可以向市场传递积极信号，得到外部资金的青睐，在一定程度上缓解融资约束，有利于企业进行研发创新。同时，政府补助可以通过无偿资助资金增加企业可支配资金，进而增加企业总利润，有效缓解企业的融资约束（毛其淋、许家云，2016）。缓解企业融资约束使企业具有更多的资金用于研发投入，通过影响融资约束刺激企业创新，纠正"市场失灵"（张志元等，2020），从而有利于企业创新产出。同时，政府补助为企业提供了"信用背书"，让投资者匹配到的企业具有良好的投资价值，缓解了投资者与企业之间信息闭塞问题，使企业获得更多的外部融资（钟凯等，2017；张志元等，2020），进而提高企业研发支出，从而促进企业创新（张志元等，2020）。

综上分析，政府补助可以增加企业的现金流，缓解企业融资约束，降低企业生产成本，有利于企业产业结构升级（余长林等，2021）。因此，数字经济发展带来的政府补助无论是直接研发相关投入补助还是订单采购等补助，都会增加企业的现金流，企业有更多的资金用于研发，进而有利于企业创新。当企业面临糟糕的外部环境时，企业在不确定的环境下，倾向稳固自身的盈利水平，而不会选择创新加重企业的融资约束程度。然而，政府补助可以很好地克服这一问题，缓解外部环境不确定性带来的负面影响（王丽娟、冯丽君，2021）。首先，政府补助可以缓解企业因环境不确定性导致的资金短缺问题，能够为企业提供现金流，进而企业也能投入较多的研发资金用于企业创新。其次，企业得到政府补助，体现了政府对企业的认可，在一定程度上可以避免管理层因外部环境不确定性造成的风险敏感性，给予管理者信心，坚定企业继续创新的动力。最后，政府补助也向市场释放了积极信号，信号传达给企业一个积极创新的信息面，有助于企业得到外部融资（王丽娟、冯丽君，2021）。同时，根据信号传递理论，投资者可以节省筛选合适企业带来的成本，政府补助无疑降低了投资者逆向选择带来的风险（陈利等，2022），这样企业能得到更多的现金流用于创新，从而有利于提升企业的创新效率。

（二）企业税负

国家重点鼓励与支持发展的产业，尤其是新兴产业，税收优惠政策是首选（余长林等，2021）。数字经济包括人工智能、云计算等，相关的高新技术产业是国家经济高质量发展的战略产业，数字经济带来的各种税收优惠政策可以有效降低企业现有的企业税负，是缓解企业资金压力的直接政策。政府通过给予企业税收优惠与税收减免等政策，通过税收减免与税收优惠，让企业具备更多的现金流以减轻融资约束程度，更多的资金流入企业研发创新（王丽娟、冯丽君，2021），增加企业创新产出。数字经济发展带来的税收优惠政策主要是鼓励企业增大研发投入进行自主创新（杨仁发、李胜胜，2020）。对于企业来说，企业得到税收优惠可以有效降低企业税负，以成本优势提高企业效率（向宽虎、陆铭，2015），企业效率越高，企业运营越好，企业现金流越多，则更多的资金也会投入到企业创新。在现有文献中，一方面，税收优惠政策可以有效降低企业的成本，增加企业现金流，缓解融资约束，使企业具有更多的研发资金用于企业创新；另一方面，税收优惠政策中的研发加计扣除可以激励企业增加研发投入，提高企业创新水平（Duchin et al.，2010；余长林等，2021）。税收优惠或者税收减免都有利于减轻企业税负，企业税负较低时不仅能增加企业利润，更重要的是缓解企业融资约束，让企业把更多精力放到商业模式与组织结构创新中，进而提升企业的整体创新水平。

上述分析主要从现金流与融资约束、成本与收益两个角度，考虑数字经济带来的税收优惠降低企业税负而影响企业创新。从现金流与融资约束角度看，企业实际税率较低时，企业面临较小的融资约束，企业具有足够的现金流。而企业创新活动需要大量的现金流，现金流越多，企业越倾向进行创新活动（邓力平等，2020）。通过企业税收优惠降低企业税负，相当于直接给企业节省了当期的现金流，企业可以将更多的现金流投入到创新资金中，从而增加企业创新产出。从成本与收益角度看，企业涉及的研发费用加计扣除的优惠程度越大，企业进行创新的资本使用成本就越小，越能减少企业进行创新的不确定性，企业越愿意进行创新获得更多的收益。因此，当企业税收优惠较多时，企业实际税率较低，企业税负较低，企业现金流较多，可以缓解融资约束，将更多的资金用于创新投入，有助于提高企业创新水平。

综上，数字经济发展给企业带来的税收优惠，能有效降低企业税负，从而增加企业创新投入，提高企业创新产出。

（三）制度性交易成本

数字经济孕育的数字技术降低了生产者与消费者的信息搜索

成本、选择成本和交易成本（祝合良、王春娟，2020）。首先，企业可以借助数字经济共享平台，降低成本。企业将真实库存放于数字经济共享平台，可以进一步降低商品的维护费用与销售成本，从而降低企业的销售和管理费用，进而降低企业的整体制度性交易成本。同时，在数字经济背景下，利用数字技术可以更好地匹配供需双方，将烦琐的数据信息转化为潜在的交易信息，提高匹配效率（荆文君、孙宝文，2019）。与此同时，数字技术可以减少产品交易过程中的信息不对称，降低单位交易成本，提高交易效率（黄群慧等，2019），进而节省企业成本。企业也可以通过数字技术高效地获得产品的价格、质量等信息（祝合良、王春娟，2020），数字经济下的大数据技术可以辅助企业获得精准的市场信息，降低信息搜索成本，节约企业成本，将更多资金用于研发创新中。因此，数字经济带来信息搜寻成本与匹配成本的下降，将降低企业制度性交易成本，从而降低创新活动的边际成本，促进企业创新。

其次，数字经济可以颠覆传统制造业的研发模式（赵西三，2017）。企业借助数字化平台，消费者、用户可以便捷且深度地参与企业产品研发，开发者可以及时调整反馈得到的信息，以较低成本、及时地更新产品创新，大幅降低市场风险，降低企业创新的边际成本。

最后，数字经济带来的数字化平台可以简化企业审批手续。审批手续的简化，让企业能及时掌握市场信息（王永进、冯笑，2018），企业在面对市场突发情形时，能及时制定策略应对市场风险，把握创新的时机，从而促进企业创新，同时审批权限的下放将缓解企业资金约束，进而降低企业的财务成本（许和连、王海成，2018）。

综上分析，数字经济发展降低了企业销售费用、管理费用、财务费用、交易成本等制度性交易成本，有效缓解了企业融资约束，企业将更多的资金用于研发，因而可以促进企业创新。

二 宏观层面分析

在宏观城市层面，数字经济间接影响制造业创新效率，主要从数字经济发展带来的人力资本、创新环境与产业集聚三个方面进行阐述。

（一）人力资本

人力资本在技术创新中尤为重要（Moretti，2004），专业化人力资本的积累直接影响技术创新水平（Lucas，1988）。从外部性视角而言，城市人力资本对企业创新有重要意义（张萃、李亚倪，2021）。对于企业而言，企业内部的人力资本可以与本地具有相同技能和教育背景的人力资本进行交流，通过深度分享产生互相模仿学习效应，为企业带来外部创新知识，而数字经济搭建的平台正好满足了人力资本交流的需要。城市人力资本形成的人力资本池，为企业提供了更多的高技能劳动力，满足了企业对创新人才的需要，提高了企业与人力资本的匹配率（张萃，2019；张萃、李亚倪，2021）。数字经济发展通过提升人力资本水平影响企业创新主要表现在以下两个方面。

一方面，数字经济发展需要大量专业化人才。城市在制定数字经济发展政策时，会重点考虑计算机、人工智能、云计算等技术型人才。例如，2019年杭州市颁布人工智能文件提到给予优秀的人工智能领域人才500万元的资助。数字经济建设政策可以让这些专业化人才集聚。集聚大量专业化人才为人力资本积累提供互相学习和交流的平台，同时人才流动带来的知识与技术溢出有利于创新思想的迸发。由此可知，城市数字经济发展促进了人才要素的流入，进而提高城市人力资源的配置效率，有利于促进城市专业化人力资本的积累，进入企业的人才为企业创新提供智力支持，最终会促进企业创新。因此，数字经济发展可以为城市带来较大的人力资本。城市人力资本水平的提升能够为企业技术创新提供创新主体，促进技术型人才投向研发活动，进而增加企业创新产出。同时，数字经济发展带来的数字化平台不可避免地直接影响人力等要素的使用和配置效果。企业在数字经济背景下进行数字化转型，企业与消费者都可以从数字化平台中得到更有效的信息，促进信息交流（韩先锋等，2019）。依托数字经济创新平台，人们可以快速了解、掌握并积累新知识，从而加速人力资本积累与高级化进程。人力资本水平的提高则会对企业创新产生更为积极的促进作用。因此，数字经济发展为城市带来较高的人力资本，加速人力资本积累与高级化，进而影响企业创新。

另一方面，数字经济发展会对劳动力市场产生深远的影响（蒋殿春、潘晓旺，2022）。数字经济发展带来的数字技术会有效降低市场上信息的不对称性，弱化企业与劳动者之间的时空壁垒，让劳动者与企业互相选择。这样就提供了更多的最优选择，使劳动要素进一步得到优化，提高了企业与劳动者之间的匹配率（Acemoglu and Restrepo，2018）。同时，在数字经济时代，数据作为一种优质的生产要素参与到企业的生产中，企业的生产和管理模式会发生颠覆性的改变，出现数字技术对低技能劳动者的替代的局面（Acemoglu and Restrepo，2018；蒋殿春、潘晓旺，2022）。

这样就使企业低端劳动者的需求逐渐降低，更加迫切需要高端劳动者，进而促使企业优化人力资本结构，同时也迫使城市在数字经济发展的趋势下，优化人力资本结构。人力资本水平提高后，高质量的人力资本融入企业的创新过程中，可以直接提升企业的创新数量和质量（蒋殿春、潘晓旺，2022）。

（二）创新环境

城市数字经济的发展为城市相关产业提供了良好的基础设施条件，可以有效改善城市创新环境（党琳等，2021）。数字经济发展主要通过以下两种方式改善创新环境。

一是数字经济发展带动信息基础设施的完善及数字化平台的构建。数字经济的发展的重点是人工智能、大数据、云计算、区块链等，这些先进技术的发展会逐步影响产业互联网供给端的运行模式与效率，加速数字经济消费互联网到产业互联网的转移。同时，数字经济发展带动的信息基础设施可以降低企业的交易成本从而提升相关产业的创新效率（党琳等，2021）。其主要原因在于，数字经济发展带来完善的信息基础设施及数字化平台，可以让企业及时了解到产品的供需动态，降低市场信息的不对称性，提高产品研发创新与市场需求的匹配度（孙早、徐远华，2018），降低企业研发的边际成本。同时，数字经济带来的信息基础设施进一步强化了数字技术的扩散效应。数字技术推动了产业的跨界融合，重构了产业的竞争模式（祝合良、王春娟，2020），可以有效驱动产业效率的提升（李晓华，2019）。此外，数字经济带来的数字化平台可以极大提高企业运营效率与服务水平，良好的公共服务环境也可以吸引高素质创新人才在城市进行创新活动，最终有利于企业创新。

二是数字经济发展带来良好的营商环境与市场竞争环境。企业的发明创新具有研发投入大、研发周期长、不确定性因素高等特点，这类高质量的创新需要一个良好的营商环境。城市良好的营商环境可以为企业简化审批手续、缩短审批时间，使企业快速适应市场需求变化，让企业创新活动及时响应市场。数字经济发展可以为企业带来良好的信息基础设施，提高城市公共服务环境水平及营造良好的营商环境，从而有利于企业创新效率的提升。同时，数字经济有利于塑造良好的市场竞争环境（侯世英、宋良荣，2021）。在良好的市场环境下，企业在符合自身利益的前提下，可以通过大数据等数字技术分析市场规模和为产品需求制定科学的竞争策略，降低同质竞争与研发成本（侯世英、宋良荣，2021），进而促使企业进行技术创新。数字经济带来的良好市场竞争也有利于企业通过跨产业合作降低研发成本，有助于激发企业进行产品创新的积极性，进而促进企业创新效率的提升。

以上分析表明，数字经济发展可以完善信息基础设施与构建数字化平台，并带来良好的营商环境与市场竞争环境以改善城市创新环境，进而有利于城市所在企业进行创新活动，最终可以有效提升企业创新效率。

（三）产业集聚

第一，党的十九大报告倡导数字经济与实体经济融合，加快制造业数字化发展。在国家层面明确数字经济驱动制造业发展的方针中，数字经济发展主要是发展高技术产业和现代服务业，促进产业创新集群发展，加快高新技术改造传统产业进程。由此可知，数字经济发展必定促进城市引入与之相关的发展的目标产业及其关联产业，使城市在制定数字经济发展战略目标时，也会要求其人工智能、云计算、大数据、物联网等战略性新兴产业形成产业集聚，从而产生产业集聚效应。首先，产业集聚效应可以带来城市专业化分工，以及外来劳动力的流入与集聚，从而为城市技术创新提供有利资源。其次，产业集聚有利于创新主体之间的信息交流与沟通，以及创新知识和新技术的产生（范剑勇，2004）。创新的主体企业可以通过产业集聚带来的知识与技术的溢出效应扩充知识补给，最终对制造业企业的创新产生积极影响。最后，目标产业与关联产业大量集聚，市场竞争激烈，企业为了不被市场淘汰，需加大产品研发与创新，进而不断进行创新，提升其创新效率。

第二，随着城市数字经济的发展，人工智能、云计算、大数据、物联网等产业产生集聚效应，这些产业不仅可以通过竞争提升自己产品效应，也可以通过数字经济发展搭建的数字化平台互相学习，加强交流，形成互助的学习效应，进而利于企业的创新。数字经济给城市带来的产业聚集容易增加劳动力要素、人才要素及研发要素的流入，扩大生产要素的规模，这将提高人力资源的配置效率，及时满足企业的创新投入需求。由于集聚内的企业地理距离较近，企业产品研发需要的创新材料可以互相补充，节省了企业收集创新材料的成本。同时，研发的产品可以推广到集聚内需要的企业，降低销售成本，更重要的是集聚内的企业可以通过共享研发设施降低企业研发成本（Kline and Rosenberg，2010；杨仁发、李胜胜，2020），最终提升企业的创新效率。因此，数字经济发展带来的产业聚集产生的知识技术溢出效应为企业创新提供知识供给，从而有利于企业创新。同时，数字经济发展带来的产业集聚效应可以有效降低集聚内企业研发的边际成

第三章　数字经济影响制造业创新效率的理论机制

本，最终有利于该城市企业的创新。

第三，数字经济发展可以向城市释放积极信号，推动数字经济与实体经济的融合，实现产业的跨界融合，打破产业的壁垒（李晓华，2019），形成产业的集聚效应。通过区域产业集聚效应进一步引发人才集聚效应，人才效应可以充分发挥知识和技术的溢出效应（申明浩等，2022），从而更有利于企业的创新发展。同时，数字经济发展释放的良好营商环境与市场竞争环境信号，也能吸引到大量的投资，为产业集聚创造基础条件。进一步地，数字经济发展释放的积极信号，加速了产业集聚效应的形成。产业集聚形成的集聚效应、学习效应与竞争效应会驱动企业内部创新与合作创新（侯世英、宋良荣，2021）。以上分析表明，数字经济发展释放的积极信号，可以加速产业集聚效应形成，产业集聚效应产生的技术与知识溢出效应为企业提供创新供给，从而有利于企业加速创新，提升企业创新效率。

综合上述分析，在企业层面，数字经济发展可以为企业带来政府补助，降低企业税负并减少制度性交易成本对制造业创新效率的影响；在城市层面，数字经济的发展可以为城市带来较高的人力资本水平，提高城市创新环境并形成产业集聚间接影响制造业创新效率。数字经济间接影响制造业创新效率的机制如图3.1所示。

第三节　小结

本章从理论上分析数字经济如何直接影响制造业创新效率与

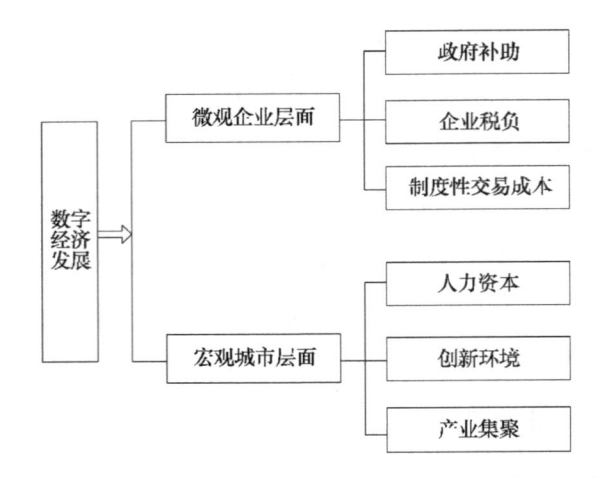

图 3.1　数字经济间接影响制造业创新效率作用机制

资料来源：笔者自制。

数字经济如何间接影响制造业效率。在数理模型验证中，从消费者、企业与企业创新选择构建企业利润函数，得知进行数字经济活动的企业，可以带来降低企业制度性交易成本效应及政府补助效应与税负效应，使企业对创新的投入水平更高，更有利于提升创新效率。在直接影响的理论分析中，归纳数字经济影响制造业创新效率的作用途径，发现数字经济虽然在初期发展会给企业创新带来负向作用，但随着其的快速发展，最新的信息技术和数据库将有利于打破企业之间的壁垒，产业链与创新的整合将使企业形成创新生态系统，进而利于企业创新效率的提升。

在分析数字经济间接影响制造业创新效率时，于微观企业层面，从数字经济通过给企业带来政府补助、企业税收优惠与降低企业制度性交易成本三个方面进行探讨；于宏观城市层面，从数字经济发展给城市带来的人力资本、创新环境与产业集聚三个方面进行探讨。

第四章　数字经济与制造业
创新效率的测算分析

本章主要研究对数字经济与制造业创新效率的测算及其发展现状。对数字经济的测算以本书第二章的相关文献为依据，从方法与构建指标体系两个方面着手，采用熵权法测算数字经济基础设施、数字产业化和产业数字化的综合值以衡量数字经济发展水平，并分析中国数字经济发展的状况。制造业创新效率的测算以文献为依据，考虑到随机前沿模型测算的优势，以及企业个体的异质性问题，构建异质性随机前沿模型测算中国上市制造业企业的整体创新效率、创新质量效率与创新数量效率。在测算效率的过程中简要阐述制造业企业创新效率受到融资约束及融资约束不确定性的影响机制。在此基础上，测算企业在融资约束下的创新效率，并从地区、企业规模与行业异质性考察创新效率的异质性。

第一节　数字经济测算

在本书第二章疏理的数字经济测算研究文献中，经济合作与发展组织的测算方法依赖国外数字经济发展情况，可能并不符合中国国情。国外学者多采用 ICT 发展指数、数字经济与社会指数、国际数字经济与社会指数等测算他们国家的数字经济，该指数主要建立在国外数字经济社会发展及数字经济渗透的基础上，并不适合中国数字经济发展的实际情况，且其公布的指标在中国缺乏相应的数据也难以衡量。中国的腾讯、阿里巴巴及各研究院测算的数字经济维度则偏宏观，测算方法复杂且没有公开测算细节。对这些测算方法需要更严格地验证与推敲（温珺等，2020）。中国学者对数字经济发展水平的衡量主要基于省级层面，根据数字产业化和产业数字化两个方面构建指标体系，采用主成分或熵权法计算综合得分衡量数字经济的发展水平。在现有文献中，赵涛等（2020）通过构建指标体系，采用主成分法测算数字经济发展水平，姜松和孙玉鑫（2020）应用城市截面数据，采用加权平均法测算数字经济发展水平。赵涛等（2020）、姜松和孙玉鑫（2020）的指标体系为本文构建适合的指标体系提供了切实可行的思路，在此基础上，本书采用权重更客观的熵权法测算数字经济的衡量指标，并借鉴赵涛等（2020）、Banga（2022）使用的主成分法测算的指标作为后文稳健性检验的衡量指标。

一 测算方法

（一）构建面板数据权重

在使用指标体系测算综合指数时，采用加权平均法、赋值法等方法，具有一定的主观性。为了保证得到的权重更客观准确，采用熵权法构建指标权重，具体计算过程如下。

形成原始数据矩阵。现有被评价对象 $M = (M_1, M_2, M_3, \cdots, M_m)$，评价指标 $D = (D_1, D_2, D_3, \cdots, D_n)$，被评价对象 M_i 对指标 D_j 的值记为 $X_{ij} = (i=1, 2, \cdots, m; j=1, 2, \cdots, n)$，则

形成的原始数据矩阵为

$$X = \begin{bmatrix} x_{11} & x_{12} & \cdots & x_{1n} \\ x_{21} & x_{22} & \cdots & x_{2n} \\ x_{m1} & x_{m2} & \cdots & x_{mn} \end{bmatrix} \quad (4.1)$$

式中：X_{ij} 为第 j 个指标下的第 i 个城市对应指标值。然后对原始数据进行无量纲化处理，由于采用的指标都是正向属性，则可以采用以下公式进行无量纲化处理：

$$v_{ij} = \frac{x_{ij} - \min(x_j)}{\max(x_j) - \min(x_j)} \quad (4.2)$$

采用式（4.2）进行无量纲化处理后，得到标准化数据为

$$V_{ij} = \begin{bmatrix} v_{11} & v_{12} & \cdots & v_{1n} \\ v_{21} & v_{22} & \cdots & v_{2n} \\ v_{m1} & v_{m2} & \cdots & v_{mn} \end{bmatrix} \quad (4.3)$$

根据式（4.3）可以计算第 j 项指标下，第 i 个城市的特征比重。将第 j 项指标下，第 i 个城市的特征比重记为

$$p_{ij} = v_{ij} / \sum_{i=1}^{m} v_{ij} \quad (4.4)$$

根据 p_{ij} 的值，可以计算出 j 项指标的熵值[①]：

$$e_j = -1/\ln(m) \sum_{i=1}^{m} p_{ij} \cdot \ln p_{ij} \quad (4.5)$$

计算第 j 项指标的差异系数 d_j，则差异系数为

$$d_i = 1 - e_j \quad (4.6)$$

其中，d_j 越大，该指标提供的信息量越大，越应赋予较大的权重。

[①] 在进行数据无量纲化处理时，会存在 $p_{ij} = 0$ 的情形，规定取对数后也为 0。

则将该值的熵权法权重 w_j 定义为

$$w_j = d_j \bigg/ \sum_{j=1}^{n} d_j \quad (4.7)$$

因此，可以根据式（4.7）按年份依次计算得到各指标的权重。

（二）数字经济发展水平指数

得到各年份的指标权重后，对无量纲化后的数据加权得到每个城市每年 t 的数字经济发展水平衡量指标 $digital\_index_{ijt}$，具体计算公式为

$$digital\_index_{ijt} = \sum_{j=1}^{n} w_{jt} p_{ijt} \quad (4.8)$$

二 指标说明

本书考虑到数据的可获取性，借鉴赵涛等（2020）、刘军等（2020）、柏培文和喻理（2021）的指标体系，并参考本书第二章的数字经济测算相关文献，从数字经济基础设施、数字产业化和产业数字化三个方面构建指标。其中，对数字经济基础设施的衡量选取每万人互联网宽带接入用户数（x_1）、百人中移动电话用户数（x_2）、固定电话普及率（x_3）、域名数（x_4）、城市制定数字经济发展政策个数（x_5）五个子指标，对数字产业化程度的衡量选取电信业务总量（x_6）、计算机服务和软件业从业人员占从业人员比重（x_7）、邮政业务总量（x_8）三个子指标，对产业数字化程度的衡量选取数字普惠金融指数（x_9）、具有电子商务销售企业数（x_{10}）、城市从事数字经济业务的企业规模（x_{11}）三个子指标。

数字经济基础设施中的城市制定数字经济发展政策个数采用爬虫法得到，抓取每年各城市公开的关于数字经济的政策文件；

产业数字化中的数字普惠金融指数采用北京大学数字金融研究中心和蚂蚁金服集团共同编制的指数（郭峰等，2020）；产业数字化中城市从事数字经济业务的企业规模参考柏培文和喻理（2021）的方法得到指标。其他指标数据来源于《中国城市统计年鉴》、中国研究数据服务平台（CNRDS）和国泰安数据库（CSMAR），选取的样本为2011—2019年共288个城市的数据①。选取的数字经济发展水平指标如表4.1所示。本书采用的是城市面板数据，选择的指标也具有一定的时间效应，因此，本书按年份依次计算各指标的权重，从而构建更符合面板数据的权重，使权重以数据为驱动，更精确、客观、真实。

表4.1　　　　　　　　数字经济发展水平指标

一级指标	二级指标	三级指标	指标属性
数字经济发展水平	数字经济基础设施	每万人互联网宽带接入用户数（x_1）	正向
		百人中移动电话用户数（x_2）	正向
		固定电话普及率（x_3）	正向
		域名数（x_4）	正向
		城市制定数字经济发展政策个数（x_5）	正向
	数字产业化	电信业务总量（x_6）	正向
		计算机服务和软件业从业人员占从业人员比重（x_7）	正向
		邮政业务总量（x_8）	正向
	产业数字化	数字普惠金融指数（x_9）	正向
		具有电子商务销售企业数（x_{10}）	正向
		城市从事数字经济业务的企业规模（x_{11}）	正向

资料来源：笔者自制。

---

① 受数据来源限制，剔除缺失数据的城市，下同。

三 数字经济测算结果分析

根据权重可以计算得到每个城市历年数字经济发展水平，为比较各城市数字经济发展水平的差异性，本书将城市所在地划分为西部地区、中部地区和东部地区[①]，分别考察数字经济的发展状况，具体结果如表4.2所示。由表4.2可知，无论是东部地区还是中西部地区，数字经济均呈增长趋势，其中东部地区的数字经济发展水平最高，中、西部地区数字经济发展水平与东部地区的差距较大，其中中部地区的数字经济发展水平比西部地区整体水平略高，但都低于全国平均水平。进一步，由图4.1中国数字经济发展水平趋势可知，无论是东部地区还是中、西部城市的数字经济发展水平均呈增长趋势，其中东部地区的数字经济发展水平最高，中、西部数字经济发展水平均低于全国平均水平。进一步发现，中西部的数字经济发展水平与东部地区的差距并没有随时间呈现缩小的趋势，其差距一直存在。

表4.2　2011—2019年中国数字经济发展水平均值

年份	全国	西部地区	中部地区	东部地区
2011	0.280881	0.251590	0.251695	0.334998
2012	0.319621	0.282241	0.283516	0.386789
2013	0.389566	0.340704	0.358724	0.465669
2014	0.438733	0.366438	0.384504	0.557989

---

① 依据城市所在地划分，其中：西部地区包括四川、重庆、贵州、云南、西藏、陕西、甘肃、青海、宁夏、新疆、广西，中部地区包括山西、内蒙古、吉林、黑龙江、安徽、江西、河南、湖北、湖南，东部地区包括北京、天津、河北、辽宁、上海、江苏、浙江、福建、山东、广东和海南。地区异质性分析也按照这一依据进行划分。

续表

年份	全国	西部地区	中部地区	东部地区
2015	0.442340	0.384717	0.387511	0.545372
2016	0.467823	0.401404	0.410335	0.583471
2017	0.498034	0.419860	0.433026	0.632099
2018	0.537063	0.444919	0.468770	0.686270
2019	0.581319	0.476596	0.491957	0.765111

资料来源：笔者自制。

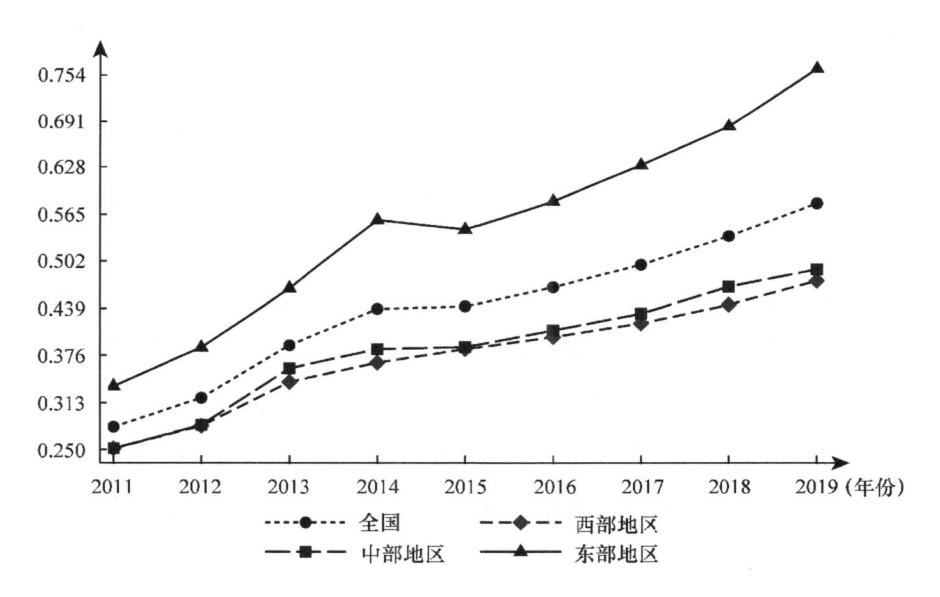

图 4.1　2011—2019 年中国数字经济发展水平趋势

资料来源：笔者自制。

2011 年中国数字经济发展水平最高的城市是上海市，系数在 0.71 以上；其次是深圳市、北京市、广州市和东莞市，系数均在 0.60 以上；再次是南京市、杭州市、合肥市和天津市等城市，系数均在 0.50 以上；而数字经济发展水平较低的城市主要有陇南市、中卫市和六盘水市等城市，系数均在 0.10 以下。2015 年数字经济发展水平较高的城市有深圳市、北京市和天津市，系数均在 0.65 以上；其次是上海市、广州市、成都市、东莞市、重庆市、南京市和中山市，系数均在 0.55 以上；再次是厦门市、杭州市、武汉市和济南市等城市，系数均在 0.50 以上；而数字经济发展水平较低的城市主要有普洱市、保山市、定西市、漯河市和海东市等城市，系数均在 0.10 以下。2019 年数字经济发展水平较高的城市有上海市、北京市、深圳市和杭州市，系数均在 0.70 以上；其次是东莞市、重庆市、南京市和广州市，系数均在 0.65 以上；再次是成都市、苏州市、武汉市、西安市、东莞市、天津市、济南市、大连市和无锡市，系数均在 0.60 以上；而数字经济发展水平较低的城市有固原市、那曲市、日喀则市、儋州市和昌都市等城市，系数均在 0.10 以下。

综上，中国各城市数字经济发展水平整体上有了很大的提升，数字经济发展水平较高的城市其系数从 0.30 突破到 0.60 以上。但中国各城市数字经济发展水平存在较大的空间差异，省会城市、规模较大城市及东部沿海城市的数字经济发展水平较高，而小规模及中西部地区的城市数字经济发展水平较低。

第二节　制造业创新效率测算

一　测算方法构建

现有研究对制造业创新效率的测算主要采用数据包络法（DEA）和随机前沿方法（SFA）。DEA 无须假定具体的函数形式，可以避免主观设定函数带来的衡量偏差，但存在非参数估计无法检验拟合优度的相关统计量。此外 DEA 存在设定指标的敏感性、决策单元限制等问题（姜博，2015）。在效率测算过程中，DEA 的前沿面为确定边界，不考虑测量误差，将所有的样本观测值与前沿面偏差都视为技术无效率（姜博，2015），以上问题可能导致测算出的制造业创新效率存在较大误差。Gong 和 Sickles（1992）、姜博（2015）指出如果模型设定正确，使用面板数据测算效率时，SFA 具有更好的测算效果。相较于 DEA，SFA 进行测算效率时将误差项设定为无效率项与随机误差项，避免了 DEA 确定性前沿的缺陷。为此，本书采用 SFA 方法测算制造业创新效率①。考虑到本书采用了上市制造业企业的面板数据，企业个体之间也存在差异，本书构建异质性 SFA 模型测算制造业创新效率。

若在没有融资约束的完美市场中，企业进行创新效率活动的决策都是最优选择，那么企业最优创新效率可以表示为

$$efficiency_{i,t}^* = f(A_{i,t}) + v_{i,t} \qquad (4.9)$$

式中：$efficiency_{i,t}^*$ 为最优创新效率；$A_{i,t}$ 为一系列影响企业创新效率的变量构成的向量；$f(\cdot)$ 为影响企业创新效率的函数。当然，企业的最有效创新效率并不完全取决于设定的一系列能够影响企业创新效率的变量，还可能受到宏观经济、政策等因素的随机影响，使企业最优的创新效率随机偏离理论上的最优创新效率 $f(A_{i,t})$。为此，设定 $v_{i,t}$ 反映这些随机因素的影响，此时 $efficiency_{i,t}^*$ 为企业的随机前沿创新效率。但由于存在融资约束等影响，企业创新效率降低（Altomonte et al.，2016）。企业创新效率的降

---

① 为了比较两种方法的优劣，本书也采用 DEA 进行了测算。将制造业企业专利授权数设定为产出指标，由于本文采用的数据为上市制造业企业，样本量较大且上市企业当年可能没有专利授权量，在采用 DEA 测算创新效率时，测算结果存在大量的缺漏值，可能的原因在于本身授权专利存在 0 的情况，以及 DEA 对决策单元具有较大限制。因此，采用该测算结果进行后续分析可能存在较严重的衡量偏误问题。

低可以看作企业实际创新效率与随机前沿创新效率之间的偏离，基于此，在考虑融资约束的情形下，企业的实际创新效率就可以表达为

$$efficiency_{i,t} = f(A_{i,t}) - F(Z_{i,t}) + v_{i,t} \qquad (4.10)$$

式中：$F(Z_{i,t})$ 为因融资约束影响导致企业创新效率的损失。综合式（4.9）和式（4.10）可知，企业是否存在融资约束时，企业的创新效率关系可以表示为

$$E[efficiency_{i,t} | f(A_{i,t}), F(Z_{i,t}) = 0] > E[efficiency_{i,t} | f(A_{i,t}), F(Z_{i,t})] \qquad (4.11)$$

因此，融资约束会让企业的创新效率降低，呈现单边分布的特征。若设 $F(Z_{i,t}) = \mu_{i,t}$，则企业的实际创新效率 $efficiency_{i,t}$ 与最大创新效率 $efficiency_{i,t}^*$ 存在以下关系：

$$efficiency_{i,t} = efficiency_{i,t}^* - \mu_{i,t} = f(A_{i,t}) + v_{i,t} - \mu_{i,t} \qquad (4.12)$$

式（4.12）是一个定性的 SFA 模型。但在分析中需要给出 $f(A_{i,t})$ 的具体形式，借鉴 Habib 和 Ljungqvist（2005）的设定方式，将其设定为影响企业创新效率的变量线性函数，即 $f(A_{i,t}) = X_{i,t}'\beta$。其中，$X_{i,t} = (1, A_{i,t})'$，$A_{i,t}$ 为影响企业前沿创新效率的一系列变量构成的向量。

$X_{i,t}$ 设定中包含个体效应和时间效应的虚拟变量，可以反映面板数据的特征及不同企业个体存在的异质性（连玉君、苏治，2009），因此进一步将式（4.12）设置为

$$efficiency_{i,t} = X_{i,t}'\beta + \varepsilon_{i,t}, \quad \varepsilon_{i,t} = v_{i,t} - \mu_{i,t} \qquad (4.13)$$

式中：$\varepsilon_{i,t}$ 由 $v_{i,t}$ 和 $\mu_{i,t}$ 构成；$v_{i,t}$ 为实证中的常规随机干扰项，将其假设为彼此独立且服从正态分布，即 $v_{i,t} \sim iid. N(0, \sigma_v^2)$；$\mu_{i,t}$ 为融资约束效率，表示企业受到融资约束影响，即企业创新效率的损失，呈现单边分布的特征，将其设定为服从非负的截断性半正

态分布，即 $\mu_{i,t} \sim N^+(W_{i,t}, \sigma_{i,t}^2)$①；$W_{i,t}$ 反映的是企业受到融资约束影响，实际创新效率与前沿创新效率的偏离程度，$\sigma_{i,t}^2$ 刻画了偏离程度的不确定性。参考 Wang（2003）、连玉君和苏治（2009）的文献中的设定方法，将 $\mu_{i,t}$ 的异质性设定为

$$w_{i,t} = \exp(b_0 + Z_{i,t}'\boldsymbol{\delta}), \quad \sigma_{i,t}^2 = \exp(b_1 + Z_{i,t}'\boldsymbol{\gamma}) \quad (4.14)$$

式中：b_0 和 b_1 均为常数；$\boldsymbol{\delta}$ 和 $\boldsymbol{\gamma}$ 均为对应变量系数向量。在以往的文献中，将 $\sigma_{i,t}^2$ 假设为常数（Habib and Ljungqvist，2005），而本书不同于这一严格假设，在异质性设定中放松这一假设，可以分析不同的融资类型对融资约束效应本身（$w_{i,t}$）和融资约束不确定性（$\sigma_{i,t}$）的影响（王展祥等，2017），进一步定量分析企业创新效率的损失。

使用最大似然估计式（4.13）和式（4.14）构成的异质性 SFA 模型，对应的似然函数可以写为

$$\ln efficiency_{i,t} = -0.5\ln(\sigma_v^2 + \sigma_{i,t}^2) + \ln\left[\frac{\phi(\varepsilon_{i,t} + \sigma_{i,t})}{\sqrt{\sigma_v^2 + \sigma_{i,t}^2}}\right]$$

$$-\ln\left[\Phi\left(\frac{w_{i,t}}{\sigma_{i,t}}\right)\right] + \ln\left[\Phi\left(\frac{\widetilde{w}_{i,t}}{\widetilde{\sigma}_{i,t}}\right)\right] \quad (4.15)$$

其中，

$$\widetilde{w}_{i,t} = \frac{\sigma_v^2 w_{i,t} - \sigma_{i,t}^2 \varepsilon_{i,t}}{\sigma_v^2 + \sigma_{i,t}^2}$$

$$\widetilde{\sigma}_{i,t} = \frac{\sigma_v^2 \sigma_{i,t}^2}{\sigma_v^2 + \sigma_{i,t}^2} \quad (4.16)$$

---

① 在 SFA 模型中，非效率被设定为干扰性的一部分，非效率项的分布函数设定虽然会在一定程度上影响效率的估计值，但起决定性作用的仍是对模型主体部分的设定，即对产出函数的设定，这需要采用相关理论前期文献选择模型的形式和核心变量的衡量方法（Greene，2005；连玉君，2020）。

式中：$\varphi(\cdot)$ 和 $\Phi(\cdot)$ 分别为标准正态分布密度函数与累积分布函数。

在用最大似然法估计后，可以进一步检验模型设定是否正确并构造企业创新效率指数。一方面，可以定性分析设定的异质性随机前沿模型是否正确。原假设 $H_0: \mu_{i,t} = 0$，即不存在融资约束，此时的企业创新效率最大，对应的备择假设为 $H_1: \mu_{i,t} \neq 0$。似然比统计量为 $LR = -2[L(H_0) - L(H_1)]$，$L(H_0)$ 和 $L(H_1)$ 分别对应 H_0 与 H_1 下的似然函数值，似然比统计量渐进服从卡方分布。另一方面，可以构造出企业创新效率指数（$Effi$）进行定量分析，该指数表示的是企业实际创新效率与最优创新效率的偏离程度，具体计算公式如下：

$$Effi_{i,t} = \frac{\exp(X'_{i,t}\beta - \mu_{i,t})}{\exp(X'_{i,t}\beta)} = \exp(-\mu_{i,t}) \quad (4.17)$$

$Effi_{i,t}$ 介于 0 到 1。当 $\mu_{i,t} \to \infty$ 时，$Effi_{i,t} = 0$，表明此时企业面临最严重的融资约束，企业创新效率水平接近 0；当 $\mu_{i,t} \to 0$ 时，$Effi_{i,t} = 1$，表明此时企业不存在融资约束，企业创新效率水平最高。采用最大似然估计方法得到相关参数值后，按照 Battese 和 Coelli（1988）在文献中的设定方式，可得到 $Effi_{i,t}$ 的估计公式：

$$Effi_{i,t} = E[\exp(-\mu_{i,t} \mid \varepsilon_{i,t} = \hat{\varepsilon}_{i,t})]$$

$$= \exp(-\widetilde{w}_{i,t} + 0.5\widetilde{\sigma}_{i,t}) \frac{\Phi(\widetilde{w}_{i,t}/\sigma_{i,t} - \widetilde{\sigma}_{i,t})}{\widetilde{w}_{i,t}/\widetilde{\sigma}_{i,t}} \quad (4.18)$$

$\widetilde{w}_{i,t}$ 和 $\widetilde{\sigma}_{i,t}$ 的定义如前所述，此处只是将参数替换成估计值。按照现有文献的做法，需要对被解释变量取对数处理（连玉君、苏治，2009）。

二　测算指标说明

(一) 制造业企业前沿创新效率的衡量

为了测算出制造业创新效率值，并构建创新效率最优水平时的 $efficiency_{i,t}^*$，首先需要对企业的创新效率进行如下设定：

$$efficiency_{i,t} = X'_{i,t}\beta + \varepsilon_{i,t}$$
$$= \beta_0 + \beta_1 rdspend_{i,t} + \beta_2 rdperson + \eta_t + ind_{i,t} + \varepsilon_{i,t}$$
(4.19)

式中：$efficiency_{i,t}$ 为企业专利授权数自然对数；$ind_{i,t}$ 为时间虚拟变量；$ind_{i,t}$ 为行业虚拟变量；$rdspend$ 为研发投入，采用研发投入占营业收入比重衡量，企业研发投入越高，企业从事研发的动力就越高，有利于企业创新产出；$rdperson$ 为研发人员数量占比，企业研发人员占比越高的企业越倾向于研发活动（王展祥等，2017），有利于提升企业创新效率。

(二) 融资约束的衡量

由于融资约束的存在，企业创新效率下降，根据融资理论，企业一般依次考虑内部融资、商业信用融资和外部融资（王展祥等，2017）。为此，本书根据数据的可获得性选取文献中常用的几个指标，从融资的三个渠道选择相关指标刻画企业面临的融资约束。其中，内部融资（cf）采用现金流量衡量，现金流量使用企业自由现金流与期初固定资金净额比值计算得到（连玉君、苏治，2009）；商业信用融资（$business$）采用应收账款净额占总资产比重衡量（张杰、冯俊新，2011；王展祥等，2017）；外部融资（$onpm$）采用股本与资本公积金之和的增加额占总资产的比重衡量（连玉君、苏治，2009）。另外，企业规模（$size$）采用总资产的对数衡量，企业规模是企业进行商业信用融资的重要参考依据，一般企业规模越大，越可以降低信息的不对称性，可以获得较高的贷款抵押品价值及银行贷款，从而缓解融资约束。为此，本书从内部融资、商业信用融资、外部融资与企业规模对企业融资约束进行刻画，将式（4.14）中的 $w_{i,t}$ 设定为

$$\ln w_{i,t} = b_0 + Z'_{i,t}\delta$$
$$= b_0 + \delta_1 cf_{i,t} + \delta_2 business_{i,t} + \delta_3 onpm_{i,t} + \delta_4 size_{i,t}$$
(4.20)

（三）不确定性的衡量

异质性随机前沿模型的一大优势在于考虑到了融资约束不确定性可能受到来自融资约束机制的影响，能进一步分析企业融资约束不确定性的作用机制。将式（4.14）中的企业创新效率偏离的方差作为对融资约束不确定性的估计，具体设定如下：

$$\ln \sigma_{i,t}^2 = b_1 + Z'_{i,t}\gamma$$
$$= b_1 + \gamma_1 cf_{i,t} + \gamma_2 business_{i,t} + \gamma_3 onpm_{i,t} + \gamma_4 size_{i,t}$$
(4.21)

式（4.20）和式（4.21）中的解释变量可以分别设定，但本书之所以设定为同一的解释变量，主要是因为无法界定影响融资约束的变量是否会影响融资约束不确定性，也无法确定影响融资约束不确定性的变量是否会影响融资约束。为此，参考 Wang（2003）、连玉君和苏治（2009）、王展祥等（2017）的做法将二者的解释变量设定为一致。在式（4.21）中，如果变量的估计系数为正，表明该变量的增加会加剧企业融资约束的不确定性；反之，可以降低企业后续融资约束的不确定性。

（四）指标选取

国外学者使用是否具有产品创新或者工业创新的虚拟变量衡

量企业创新绩效（Kim and Park，2008），显然这种衡量方式存在较大的衡量偏误问题，也不完全符合中国上市制造业企业的特征。国内学者主要采用 DEA 或者 SFA 方法测算创新效率，但这需要选择适合投入指标与产出指标，在现有文献中，投入指标中主要包括产品开发（研发）经费（韩晶，2010；丁勇、刘婷婷，2011）、科技或者研发人员数（韩庆潇等，2015；姜博，2015；李士梅、李安，2018；刘冬冬等，2020）。产出指标主要包括新产品销售收入（姜博，2015；肖仁桥等，2018；刘冬冬等，2020）、专利申请数（韩庆潇等，2017；赵磊，2018；高智、鲁志国，2019）、专利授权量（肖仁桥等，2018）。

参考以上文献的指标选取，结合上市制造业企业数据，本书采用研发投入（*rdspend*）和研发人员数占比（*rdperson*）作为投入指标，使用专利总授权量的对数（*lnpatent*）作为产出指标，测算制造业创新效率（Wang et al.，2022）。使用专利数作为制造业创新效率测算的产出指标，主要因为：第一，专利数量更多被用于衡量创新（Griliches，1990；Chi and Qian，2010；Caragliu and Bo，2019）；第二，专利数据公开、客观，很少被操纵（Griliches et al.，1987）；第三，专利的开发成本高，技术更复杂，更能反映创新的实质水平（Xiong and Li，2022）。不同于以往的研究，本书使用专利总授权量（*lnpatent*）测算企业整体创新效率（*efficiency*），使用发明专利授权量（*lnipatent*）测算制造业企业创新质量效率（*efficiency*1），使用实用型（*lnupatent*）与外观设计专利授权量（*lndpatent*）测算制造业企业创新数量效率（*efficiency*2、*efficiency*3）。以上指标均来自国泰安数据库与 Wind 数据库。构建异质性随机前沿模型变量的基本统计如表 4.3 所示。

表4.3　　　　　异质性随机前沿模型变量描述性统计

变量	N	平均值	标准差	中值	最小值	最大值
lnpatent	16542	1.543	1.692	1.099	0	9.672
lnipatent	16542	0.837	1.189	0	0	8.037
lnupatent	16542	1.031	1.424	0	0	8.116
lndpatent	16542	0.387	0.966	0	0	6.522
rdspend	16542	4.362	3.581	3.640	0.060	21.990
rdperson	16542	14.797	12.093	11.820	0.750	74.470
cf	16542	−0.098	1.488	0.083	−10.771	3.730
business	16542	0.134	0.098	0.118	0	0.813
onpm	16542	0.058	0.186	0.067	−1.130	0.451
size	16542	21.883	1.199	21.745	16.161	27.468

资料来源：笔者自制。

三　制造业创新效率测算结果

（一）整体创新效率异质性随机前沿模型估计结果

以往的异质性随机前沿模型的实证分析，会将模型中的融资约束不确定性设置为一个常数，不同于此，本书估计了多种随机前沿模型，验证设定的模型是否正确。表4.4为当专利总授权量作为被解释变量时多种假设设定下的估计结果。列（1）中模型1为不加任何约束的估计结果，为本书异质性SFA模型估计结果。列（2）中模型2为使用Battese和Coelli（1995）设定方式的估计结果，该模型假设内部融资、商业信用融资、外部融资及企业规模对不确定性没有影响。列（3）中模型3假设内部融资、商业信用融资、外部融资及企业规模对融资约束效应没有影响，企业创新效率偏离并不存在。列（4）中模型4假设融资约束效应服从零处截断的异质性半正态分布,对应 Caudill 等(1995)设定的模型。列(5)中模型 5 为资本市场无摩擦的估计结果。由表 4.4 最后四行中的似然比检验结果可知,检验结果都拒绝原假设①,表明模型 1 更优,具有更好的测算效果。因此,后文的创新效率分析基于异质性随机前沿模型测算的效率进行分析。

表4.4　　　　　异质性随机前沿模型估计及检验结果

变量	(1) 模型1:无约束	(2) 模型2:$\gamma=0$	(3) 模型3:$\delta=0$	(4) 模型4:$w_{i,t}=0$	(5) 模型5:$\mu_{i,t}=0$
前沿创新效率					
rdspend	0.073 *** (22.85)	0.078 *** (22.27)	0.065 *** (19.89)	0.069 *** (18.83)	0.066 *** (17.94)
rdperson	0.002 (1.61)	0.001 (1.05)	0.003 *** (2.71)	0.001 (1.21)	0.002 ** (2.00)
_cons	9.109 *** (11.57)	2.899 *** (25.45)	8.919 *** (11.93)	1.724 *** (35.65)	2.108 *** (47.20)
融资约束 $w_{i,t}$					
cf	-0.032 *** (-4.46)	-0.035 *** (-4.46)			
business	-2.018 *** (-16.71)	-1.929 *** (-16.27)			
onpm	-0.509 *** (-9.76)	-0.468 *** (-7.49)			
size	-0.288 *** (-27.24)	-0.308 *** (-31.01)			
_cons	14.288 *** (17.56)	8.493 *** (30.65)	7.682 *** (10.29)		

---

① 无论原假设是设定为"不存在创新效率偏离"(LR1)还是设定为"存在异质性创新效率偏离"(LR2),经检验得到的 p 值均小于 0.1,拒绝原假设。

续表

变量	(1) 模型1：无约束	(2) 模型2：$\gamma=0$	(3) 模型3：$\delta=0$	(4) 模型4：$w_{i,t}=0$	(5) 模型5：$\mu_{i,t}=0$
融资约束不确定性 $\sigma_{i,t}$					
cf	−0.012 (−0.81)		−0.040 (−1.53)	−0.039 (−1.39)	
$business$	1.327*** (5.46)		2.302*** (7.09)	−10.712*** (−8.61)	
$onpm$	0.627*** (4.06)		0.753*** (2.67)	−0.660*** (−3.25)	
$size$	0.475*** (10.37)		0.805*** (17.67)	−0.896*** (−15.12)	
$\_cons$	−10.525*** (−9.15)	−9.217 (−0.92)	−18.657*** (−16.56)	18.775*** (15.35)	
时间效应	Yes	Yes	Yes	Yes	Yes
行业效应	Yes	Yes	Yes	Yes	Yes
N	16542	16542	16542	16542	16542
对数似然值	−2.94e+04	−3.00e+04	−3.00e+04	−3.03e+04	−3.07e+04
$LR1$	2557.811	1491.306	874.481	867.899	—
p 值	0	0	0	0	—
$LR2$	—	1066.505	1683.329	1689.911	2557.811
p 值	—	0	0	0	0

注：①***表示在1%的水平上显著，括号中为 z 值。②$LR1$ 与 $LR2$ 分别为针对模型5和模型1进行似然比检验得到的卡方值，本章下表同。

资料来源：笔者自制。

由表4.4列（1）的估计结果可知，前沿创新效率方程中，企业研发投入（rdspend）的估计系数在1%水平上显著为正，说明制造业企业前沿创新效率会随着研发投入的增加而提高，企业研发投入的越多，企业创新产出越高。研发人员占比（rdperson）的估计系数为正，但不显著，说明研发人员占比越高，对企业前沿创新效率具有正向影响，但作用效应不显著。可能的原因在于中国制造业企业正处于转型升级的过程，大部分企业仍以传统制造业为主，企业的研发人员占比未达到一定比例，其创新效应未显现。在融资约束方程中，内部融资（cf）、商业信用融资（business）、外部融资（onpm）与企业规模（size）的估计系数都在1%的水平上显著为正，表明内部融资、商业信用融资、外部融资与企业规模都可以有效降低制造业企业的融资约束。在融资约束不确定性方程中，内部融资（cf）的估计系数不显著，表明内部融资并不会显著影响制造业企业后续融资的不确定性；商业信用融资（business）、外部融资（onpm）与企业规模（size）的估计系数都在1%的水平上显著为正，表明商业信用融资、外部融资与企业规模都会提升企业后续融资的不确定性水平。

综上分析，采用异质性随机前沿模型测算制造业创新效率中，融资约束的存在会使企业创新发生偏离，其中内部融资可以显著降低企业融资约束，且不会给企业后续融资带来不确定性；商业信用与外部融资虽然可以缓解企业融资约束，但会增加企业后续融资约束的不确定性；大规模企业可以通过降低信息不对称性缓解融资约束，但后续融资约束不确定性会增加。理解融资约束在企业创新效率中的作用，可以采取有效的融资手段或者渠道进而提升制造业创新效率。

（二）不同专利类型的估计结果

表4.5报告了不同专利类型的异质性随机前沿模型估计结果。其中，列（1）为发明专利授权量（lnipatent）作为被解释变量的估计结果，列（2）为实用型专利授权量（lnupatent）作为被解释变

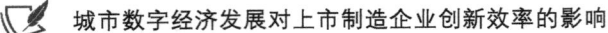

量的估计结果,列(3)为外观设计专利授权量(lndpatent)作为被解释变量的估计结果。由估计结果可知,研发投入可以显著提升企业前沿创新质量效率与创新数量效率,而研发人员占比只作用于企业前沿创新质量效率,对前沿创新数量效率影响并不显著。这说明制造业企业研发人员占比越高越倾向进行企业质量创新,这可能也是前文测算整体效率时该系数不显著的原因。

表 4.5 不同专利类型的异质性随机前沿模型估计结果

变量	(1) frontier	(2) frontier	(3) frontier
前沿创新效率			
rdspend	0.055*** (25.55)	0.049*** (18.06)	0.019*** (9.99)
rdperson	0.002*** (3.72)	0 (-0.24)	0 (0.82)
_cons	8.414*** (7.44)	8.301*** (10.46)	7.235*** (3.79)
融资约束 $w_{i,t}$			
cf	-0.008* (-1.77)	-0.022*** (-3.99)	-0.008** (-2.06)
business	-1.121*** (-13.11)	-2.192*** (-20.78)	0.037 (0.55)
onpm	-0.256*** (-7.77)	-0.284*** (-7.03)	-0.189*** (-6.97)
size	-0.205*** (-28.57)	-0.207*** (-23.90)	-0.077*** (-12.27)
_cons	12.531*** (11.00)	12.122*** (14.92)	8.542*** (4.47)

续表

变量	(1) frontier	(2) frontier	(3) frontier
\multicolumn{4}{c}{融资约束不确定性 $\sigma_{i,t}$}
cf	-0.006 (-0.51)	0.015 (1.45)	0.082*** (4.98)
business	2.355*** (10.78)	1.511*** (7.38)	-1.173*** (-6.66)
onpm	0.600*** (5.41)	0.630*** (5.46)	1.533*** (8.49)
size	0.475*** (14.74)	0.335*** (8.85)	0.346*** (14.07)
_cons	-11.042*** (-13.60)	-7.365*** (-7.57)	-8.079*** (-13.23)
时间效应	Yes	Yes	Yes
行业效应	Yes	Yes	Yes
N	16859	16859	16859
对数似然值	-2.40e+04	-2.75e+04	-2.21e+04

注：***、**、* 分别表示在1%、5%与10%的水平上显著。
资料来源：笔者自制。

在融资约束方程中，内部融资、商业信用融资、外部融资与企业规模都可以有效缓解企业进行发明专利的质量创新活动及进行实用型专利的数量创新活动的融资约束；内部融资、外部融资与企业规模能有效缓解进行外观设计专利的数量创新活动的融资约束，商业信用融资没有显著影响。在融资约束不确定性方程中，商业信用融资、外部融资与企业规模会增加企业进行发明专利的质量创新活动及实用型专利的数量创新活动后续融资的不确定性，内部融资不会显著影响企业后续融资的不确定性。企业进行外观设计专利的创新数量活动时,内部融资、外部融资与企业规模都会增加后续融资的不确定性,商业信用融资会降低后续融资的不确定性。

四 制造业创新效率现状分析

(一) 创新效率分析

异质性 SFA 模型得到估计结果后,可以定量测算每家制造业企业每年的创新效率,也可以根据创新效率值判断企业面临的融资约束程度。制造业企业在融资约束限制下的创新效率频数分布如图 4.2 所示。图 4.2 显示,整体创新效率、创新质量效率、创

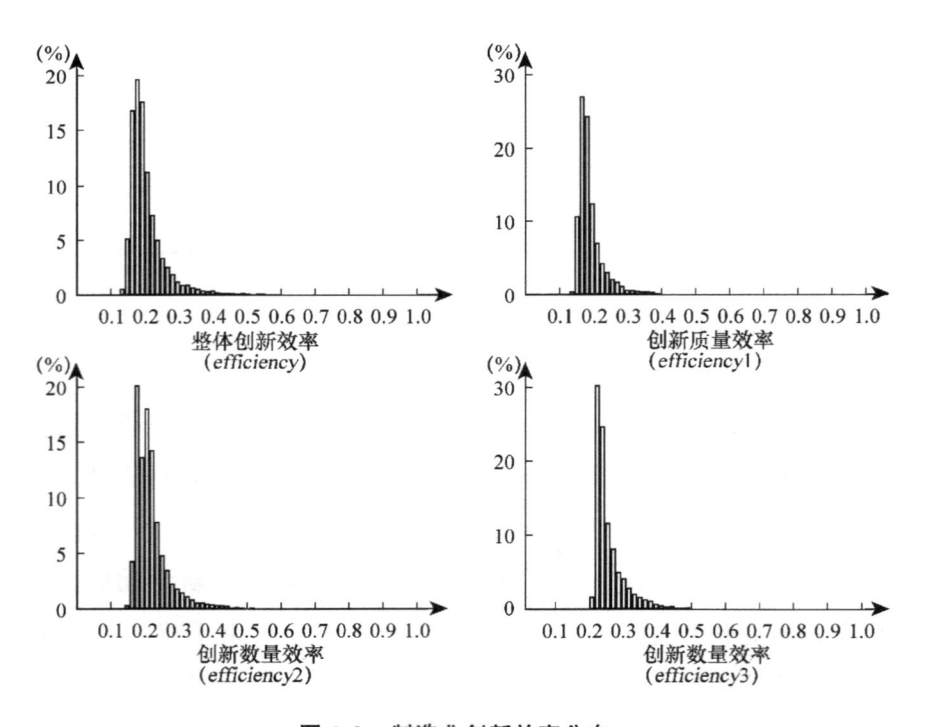

图 4.2 制造业创新效率分布

资料来源:笔者自制。

新数量效率都呈现左偏的特征，表明中国上市制造业企业面临着较严重的融资约束，企业的创新效率不高。具体来看，整体创新效率的均值为 0.177，大部分企业的创新效率集中在 0.12—0.18，说明上市制造业企业的整体创新效率仅为 12%—18%，与最优创新效率相比低了 82%—88%。制造业企业的创新质量效率均值为 0.164，用实用型与外观设计专利授权量测算得到的创新数量效率的均值分别为 0.192 与 0.219，相较于最优创新效率，企业的实际创新质量效率低了 85%—90%，创新数量效率也分别降低了 82%—85% 与 80%—82%。同时，在面临融资约束情况下，制造业企业更愿意进行实用型与外观设计专利这两类创新数量活动，进行发明专利这类创新质量活动的意愿较低。

据以上分析可知，由于融资约束等因素的影响，企业真实的创新效率仅为 20% 左右，且面临较严重的融资约束。对比王展祥等（2017）得出的中国非上市制造业的研发投资效率仅为 59% 的研究结果，发现企业研发效率转化为最后的创新效应的过程仍有较大程度的损失。正由于这种原因，加上专利从开始筹划到授权，需要大量研发投入及长时间的等待，且研发投资到专利授权也会导致更多的创新效率损失，上市制造业企业在面临融资约束时，会更多地关注企业绩效，甚至可能放弃自主创新。

（二）异质性

1. 地区异质性

为比较各个地区制造业创新效率的差异性，本书将全国划分为西部地区、中部地区和东部地区。表 4.6 报告了地区异质性结果。由结果可知，东部地区的整体创新效率、创新质量效率、创新数量效率均最高，其创新效率高于全国均值；对中部地区而言，除了整体创新效率高于全国，创新质量效率与创新数量效率都低于全国平均水平；而西部地区的整体创新效率、创新质量效率与创新数量效率均低于全国均值水平。

表 4.6　　　　　　　　　创新效率地区异质性结果

地区与全国	整体创新效率（efficiency）	创新质量效率（efficiency1）	创新数量效率（efficiency2）	创新数量效率（efficiency3）
西部地区	0.171	0.159	0.186	0.214
中部地区	0.178	0.163	0.190	0.218
东部地区	0.180	0.165	0.194	0.221
全国	0.177	0.164	0.192	0.219

资料来源：笔者自制。

从图4.3变化趋势来看，2018年以前，中国东部地区与中西部地区制造业的整体创新效率、创新质量效率与创新数量效率都呈现增长的趋势。但2018年以后，东部地区和中部地区的整体创新效率、创新质量效率与实用型专利的创新数量效率都略有下降，幅度约为5%，外观设计专利的创新数量效率下降幅度较大，达15%左右；西部地区的整体创新效率与实用型专利的创新数量效率稳步增长，创新质量效率也整体呈现增长的趋势，但外观设计专利的创新数量效率下降较大。可能的原因在于，受2018年中美贸易争端影响，美国对中国进行技术封锁，导致各项指标短暂的下降，但中国也因此更加重视质量创新，不再依赖外观设计专利的数量创新，而更加依赖自主创新。

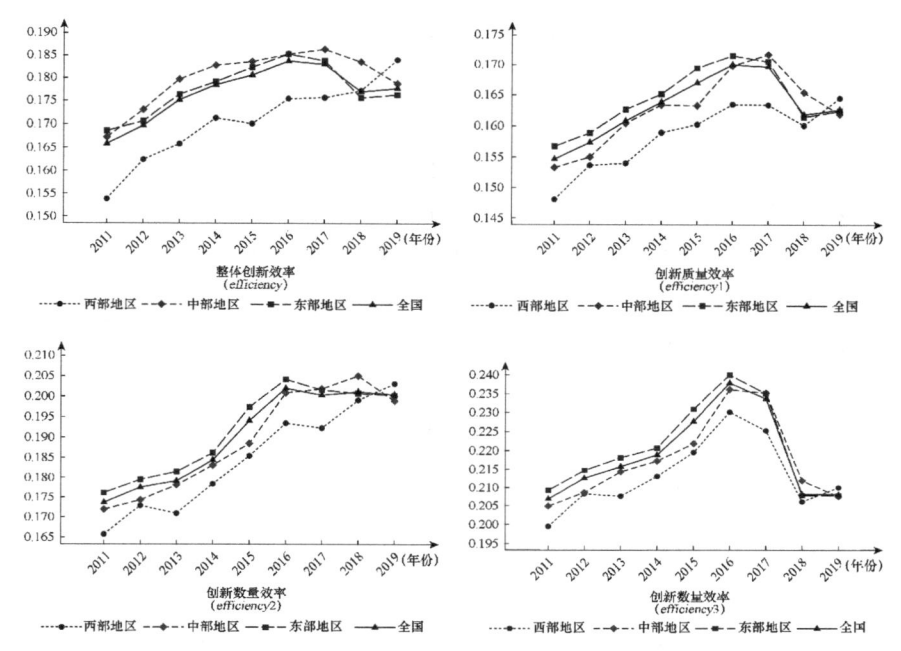

图 4.3 创新效率变化趋势（地区异质性）

资料来源：笔者自制。

2. 企业规模异质性

按企业当年总资产的大小，将企业划分为小规模企业、中规模企业与大规模企业，表 4.7 报告了企业规模异质性结果。由结果可知，大规模企业的整体创新效率、创新质量效率与创新数量效率最高，且高于全体样本的均值；中小规模企业的整体创新效率、创新质量效率、创新数量效率都低于全体样本均值。从图4.4 的趋势来看，2018 年以前，无论是大规模企业还是中小规模企业，整体创新效率、创新质量效率与创新数量效率都呈现增长趋势，2018 年以后略有下降，但大规模企业的创新效率仍远高于中小规模企业，且二者的差距没有缩小的趋势。

城市数字经济发展对上市制造企业创新效率的影响

表 4.7　　　　　　　　创新效率企业规模异质性结果

企业规模	整体创新效率 (efficiency)	创新质量效率 (efficiency1)	创新数量效率 (efficiency2)	创新数量效率 (efficiency3)
小规模企业	0.147	0.142	0.168	0.198
中规模企业	0.167	0.156	0.184	0.212
大规模企业	0.219	0.193	0.224	0.248
全体样本	0.177	0.164	0.192	0.219

资料来源：笔者自制。

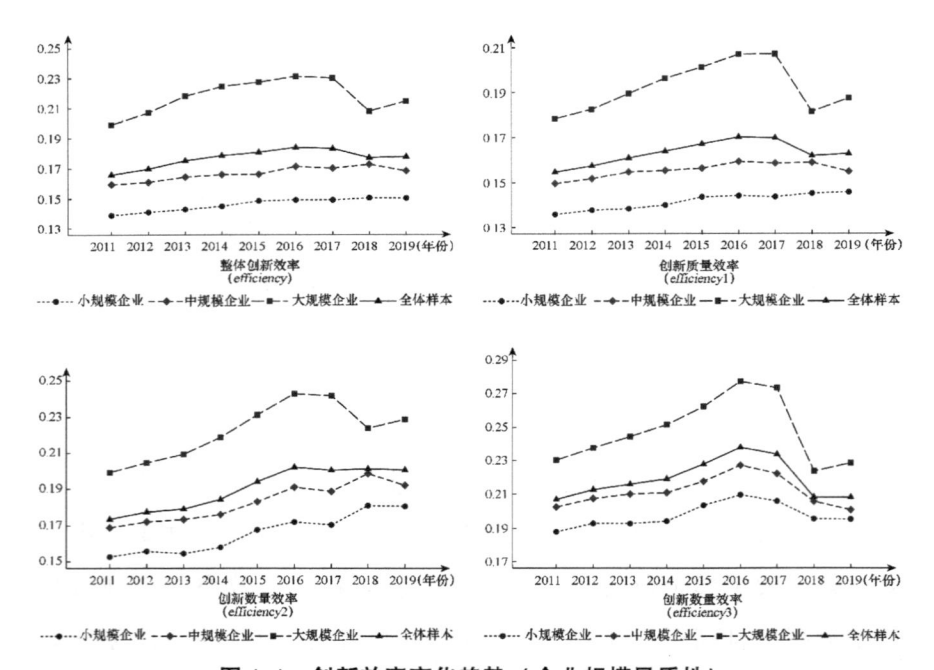

图 4.4　创新效率变化趋势（企业规模异质性）

资料来源：笔者自制。

3. 行业异质性

借鉴戴翔（2015）的做法，根据上市制造业企业的行业名称将企业划分为劳动密集型行业、资本密集型行业和知识密集型行业三个大类①考察制造业创新效率的异质性。表 4.8 为行业异质性结果，由结果可知，属知识密集型行业的制造业企业，其整体创新效率、创新质量效率与创新数量效率都明显高于劳动密集型与资本密集型行业，劳动密集型行业的创新效率最低。从图 4.5 的变化趋势来看，2018 年以前，除了外观设计专利的创新数量效率呈现下降趋势，各行业的创新效率都呈现增长趋势，2018 年以后，劳动密集型与资本密集型行业的整体创新效率、创新质量效率与实用型专利的创新数量效率仍表现出一定的增长趋势，但知识密集型行业略有下降。

表 4.8　　　　　　　　创新效率行业异质性结果

行业	整体创新效率（$efficiency$）	创新质量效率（$efficiency1$）	创新数量效率（$efficiency2$）	创新数量效率（$efficiency3$）
劳动密集型行业	0.169	0.154	0.180	0.208
资本密集型行业	0.171	0.161	0.189	0.219
知识密集型行业	0.183	0.168	0.198	0.223
全体样本	0.177	0.164	0.192	0.219

资料来源：笔者自制。

---

① 根据上市制造业企业的行业名称进行划分，其中劳动密集型制造业包括文教、工美、体育和娱乐用品制造业，农副食品加工业，橡胶和塑料制品业，纺织业，食品制造业，纺织服装、服饰业，皮革、毛皮、羽毛及其制品和制鞋业，非金属矿物制品业，金属制品业，木材加工及木、竹、藤、棕、草制品业，家具制造业，金属制品、机械和设备修理业，废弃资源综合利用业；资本密集型制造业包括造纸及纸制品业，化学原料及化学制品制造业，有色金属冶炼及压延加工业，酒、饮料和精制茶制造业，黑色金属冶炼及压延加工业，化学纤维制造业，石油加工、炼焦及核燃料加工业，印刷和记录媒介复制业；知识密集型制造业包括医药制造业，计算机、通信和其他电子设备制造业，汽车制造业，专用设备制造业，铁路、船舶、航空航天和其他运输设备制造业，电气机械及器材制造业，通用设备制造业，仪器仪表制造业。行业异质性分析也遵循这一划分依据。

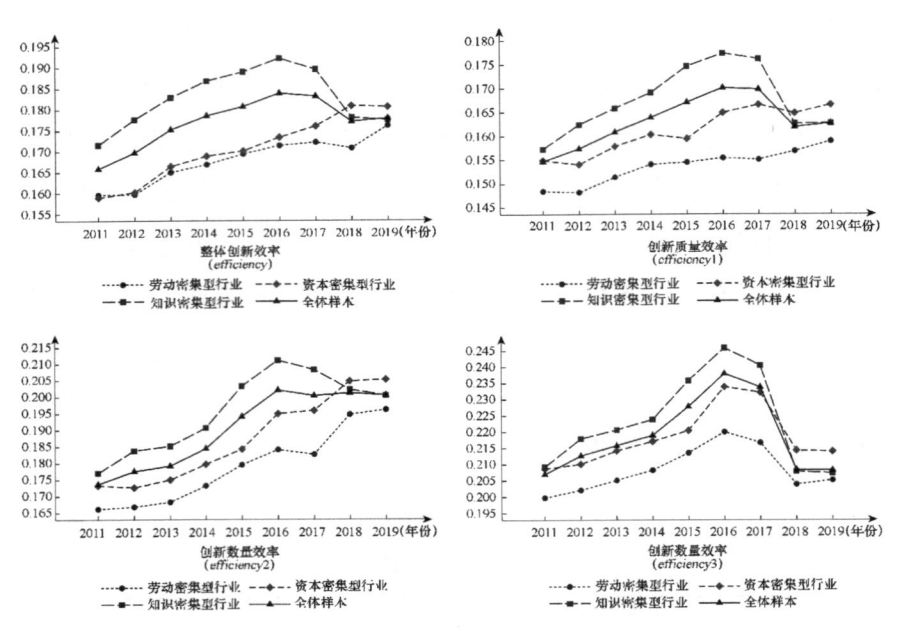

图 4.5 创新效率变化趋势（行业异质性）

资料来源：笔者自制。

第三节 小结

本章主要研究了两个方面的内容：一是数字经济的发展水平测算与现状，二是如何构建异质性随机前沿模型测算制造业创新效率并阐述中国上市制造业企业创新效率的现状。其中，对数字经济的测算根据已有文献选择适合的指标体系，采用更具客观权重的熵权法测算得到中国城市数字经济发展水平。在制造业创新效率测算的部分，简要阐述了相比 DEA，本书采用的 SFA 的优势，在此基础上构建异质性 SFA 测算制造业创新效率。主要得到以下六个方面的结论。

第四章　数字经济与制造业创新效率的测算分析

第一，全国数字经济呈增长趋势，其中东部地区的数字经济发展水平最高；中部数字经济发展水平略高于西部地区，但都低于全国平均水平。2011—2019年各城市数字经济发展水平整体上有较大提升，数字经济发展水平较高的城市由0.30突破到0.60以上，各城市数字经济发展水平存在较大的空间差异分布特征，省会城市、规模较大城市及东部沿海城市的数字经济发展水平较高，小规模及中西部地区的城市数字经济发展水平较低。

第二，融资约束使企业创新效率发生偏离，内部融资显著减弱企业融资约束的影响，且不会给企业后续融资带来不确定性；商业信用与外部融资虽然可以缓解企业融资约束，但会增加企业后续融资约束的不确定性；企业规模虽然可以缓解融资约束，但会增加后续融资约束的不确定性。

第三，不同类型创新效率的融资约束机制不同，具体表现如下。一方面，内部融资、商业信用融资、外部融资与企业规模都可以有效缓解企业进行发明专利这类质量创新活动及进行实用型专利这类数量创新活动的融资约束；内部融资、外部融资与企业规模能有效缓解进行外观设计专利这类数量创新活动的融资约束，而商业信用融资对此没有显著影响。另一方面，商业信用融资、外部融资与企业规模会增加企业进行发明专利这类质量创新活动及实用型专利这类数量创新活动后续融资的不确定性，而内部融资不会显著影响后续融资的不确定性。企业在进行外观设计专利这类创新数量活动时，内部融资、外部融资与企业规模都会增加后续融资的不确定性，而商业信用融资会降低后续融资的不确定性。

第四，受融资约束等因素的影响，企业真实的创新效率仅为

20%左右，中国上市制造业企业面临着较严重的融资约束。从地区上看，东部地区的整体创新效率、创新质量效率与创新数量效率最高，高于全国平均水平；中部地区的整体创新效率高于全国平均水平，创新质量效率与创新数量效率均低于全国平均水平；西部地区所有类型的创新效率均低于全国平均水平。2018年以前，全国制造业的整体创新效率、创新质量效率与创新数量效率都呈现增长的趋势；2018年以后，东部地区和中部地区的整体创新效率、创新质量效率与实用型专利的创新数量效率略有下降，而2018年西部地区的整体创新效率与实用型专利的创新数量效率稳步增长，创新质量效率也整体呈现增长趋势，但外观设计专利的创新数量效率下降明显。

第五，从企业规模上看，大规模企业的整体创新效率、创新质量效率与创新数量效率最高，且高于全体样本的均值，而中小规模企业的创新效率均低于全体样本均值。2018年以前，无论是大规模企业还是中小规模企业的创新效率都呈现增长趋势；2018年以后则略有下降，大规模企业的创新效率远高于中小规模企业，且这种差距没有缩小的趋势。

第六，从行业上看，知识密集型行业的整体创新效率、创新质量效率与创新数量效率都明显高于劳动密集型与资本密集型行业，劳动密集型行业的创新效率最低。2018年以前，除外观设计专利的创新数量效率呈下降趋势，各行业的创新效率都呈增长趋势；2018年以后，劳动密集型与资本密集型行业的整体创新效率、创新质量效率与实用型专利的创新数量效率仍呈现一定的增长趋势，而知识密集型行业略有下降。

第五章　数字经济影响制造业创新效率的实证分析

本章主要实证检验数字经济对制造业创新效率的影响，思路如下：首先，进行模型设定、变量选取与数据说明，使用固定效应模型分析城市数字经济发展水平对制造业整体创新效率、创新质量效率和创新数量效率的影响；其次，在基准回归的基础上，从地区、企业规模与行业异质性角度考虑数字经济对制造业创新效率的影响是否存在差异性；最后，进一步替换数字经济衡量方法，使用企业专利申请量测算创新效率的方法替换衡量指标做稳健性检验，使用工具变量方法与倾向得分匹配法（PSM）进行内生性探讨。

第一节　研究设计

一　模型设定

为探讨城市数字经济发展水平对制造业创新效率的影响，本章构建如下基本线性模型：

城市数字经济发展对上市制造企业创新效率的影响

$$efficiency_{i,t} = \alpha_0 + \alpha_1 digital\_index_{i,t} + \alpha_2 control_{i,t} + \mu_i + \eta_t + ind_{i,t} + \varepsilon_{i,t}$$

(5.1)

式中：i 为企业个体；t 为时间；$efficiency$ 为制造业创新效率；$digital\_index$ 为城市数字经济发展水平衡量指标；$control$ 为控制变量；μ_i 为企业个体效应；η_t 为反映年份特征的虚拟变量；$ind_{i,t}$ 为细分行业的虚拟变量；$\varepsilon_{i,t}$ 为随机干扰项；α_0 为常数项；α_1 为数字经济影响制造业创新效率的估计系数；α_2 为一系列控制变量估计系数向量。

二　变量选取

（一）被解释变量

本章的被解释变量为第四章测算的制造业创新效率，包括制造业整体创新效率（$efficiency$）、创新质量效率（$efficiency1$）与创新数量效率（$efficiency2$、$efficiency3$），具体指标说明与测算方法参见本书第四章相关内容。

（二）核心解释变量

本书的数字经济发展衡量指标为第四章测算的城市数字经济发展水平（$digital\_index$）。采用城市数据测算数字经济发展水平的主要原因在于：一是相比省级层面数据，城市数据更能映射微观的企业，由于城市样本数量较多，测算得到的数字经济发展水平更能清晰反映城市数字经济整体发展水平，也能反映城市之间的时空差异；二是数字经济创新主体与城市共同成长（黎晓春、常敏，2020），数字经济显著影响创新主体；三是采用城市层面的数字经济发展水平作为核心解释变量与制造业创新效率作为被解释变量时，因这两个变量不在一个层面，避免了互为因果的关系（柏培文、喻理，2021）。考虑到数据的可获取性，借鉴赵涛等（2020）、刘军等（2020）、Li 等（2022）文献中的指标体系构建数字经济发展水平。由于采用的是城市面板数据，选择的指标也具有一定的时间效应，本书在使用熵权法构建指标时，分年份依次计算各个指标的权重，从而构建出更符合面板数据的权重，使权重以数据为驱动，更精确、客观、真实地反映了数据的特征。

（三）控制变量

参考相关文献，本书选择以下变量作为城市层面控制变量。产业结构水平（$industry$）用第三产业占第二产业中的比重衡量（Zhou and Li，2021）；产业结构升级采用产业结构高级化（$advan$）与产业结构合理化（$ration$）衡量，其中产业结构高级化借鉴徐德云（2008）的方法计算得到，产业结构合理化采用 Theil 指数衡量（干春晖等，2011）；对外开放水平（$open$）[①]，用城市外商投资企业总产值占 GDP 的百分比衡量（黄慧群等，2019），其中外商投资额采用年平均人民币对美元的汇率计算得到；城市经济发展水平（per_gdp），采用人均 GDP 的对数衡量[②]。科学支出水平（$science$）采用地方财政用于科学事业支出占 GDP 的比重衡量。在企业层面，参考王海成和吕铁（2016）、虞义华等（2018）的做法，选择以下变量作为企业层面的控制变量：企业规模（$size$），企业总资产自然对数；资产负债率（lev），总资产净利润率（roa）；资金约束（$finan$）用应收账款与总资产比值衡量；全要素

[①] 城市对外开放可以引进国外的先进技术和管理经验，通过消化吸收转化为自身的创新实力，这有利于整体城市与企业创新。

[②] 城市经济发展水平越高，吸引高层次人才就业和创业的环境就越好，也更有利于地方政府对城市和企业创新活动的财政支出，总体上有利于提升创新水平。由于中国城市数据的可得性，本书参考了石大千等（2018）、李光龙等（2020）文献中的方法，用人均 GDP 来衡量城市经济发展水平。

生产率（tfp），借鉴 Levinsohn 和 Petrin（2003）、鲁晓东和连玉君（2012）、于新亮等（2019）采用的 LP 方法计算得到①，现金资产比率（cash），现金资产与总资产比值；员工劳动生产率（labor），企业人均营业收入自然对数；企业控制性质（soe），民营企业为 1，非民营企业为 0。

三 数据说明

本书选取 2011—2019 年 288 个城市数据的面板数据，数据来源于《中国城市统计年鉴》、中国经济与社会发展统计数据库、《中国区域经济统计年鉴》、中国研究数据服务平台（CNRDS），删除了变量严重缺漏的城市，对少部分缺漏值采用移动平均插值方法补全。企业数据来源于国泰安数据库中的 A 股上市企业，保留制造业企业样本，剔除当年被 ST 或*ST 的企业，对变量资产负债率（lev）、总资产净利润率（roa）、资金约束（finan）与现金资产比率（cash）在 1% 与 99% 分位上进行双边缩尾处理。经过以上处理，最后得到 2011—2019 年 2567 家共 16542 个观察值的制造业企业样本。对主要变量的描述性统计如表 5.1 所示。

---

① Levinsohn 和 Petrin（2003）在 OP 方法（Olley and Pakes，1996）的基础上提出的 LP 方法。企业存在调整成本，很多投资为 0，而在用 OP 方法测算企业全要素生产率时，要求企业投资必须大于 0，这样会导致在估计的过程中损失样本（Levinsohn and Petrin，2003）。鲁晓东和连玉君（2012）选用的工业企业数据库样本中仅有 44% 的企业有对应的投资数据，因而丢弃了大量样本。LP 法在 OP 法的基础上通过替换变量的方法解决了样本损失的问题，LP 法并非使用投资额作为代理变量，而是使用中间品投入作为中间投入的代理变量，此时样本量损失较少，并且能够较好地解决内生性问题，获得投入要素的一致有效性估计。另外，用 OP 法定义企业退出变量时，上市企业并不像中国工业企业那样永久退出，而采用上市公司退市、企业重组、经营范围发生变化、并购重组等定义，相当于企业退市，不同的定义方式也在一定程度上存在偏误。

表 5.1　　　　　　　　变量描述性统计

变量	N	平均值	标准差	中值	最小值	最大值
efficiency	16542	0.177	0.067	0.158	0.079	0.701
efficiency1	16542	0.164	0.058	0.147	0.096	0.718
efficiency2	16542	0.192	0.066	0.176	0.107	0.726
efficiency3	16542	0.219	0.066	0.196	0.154	0.816
digital_index	16542	0.194	0.176	0.118	0.014	0.713
industry	16542	1.327	0.834	1.077	0.114	5.168
advan	16542	2.459	0.159	2.447	1.933	2.832
ration	16542	0.110	0.143	0.060	0	2.070
open	16542	0.017	0.014	0.014	0	0.085
per_gdp	16542	11.335	0.556	11.400	8.773	13.056
science	16542	0.006	0.005	0.004	0	0.063
size	16542	21.883	1.199	21.745	16.161	27.468
lev	16542	0.398	0.208	0.382	0.050	0.979
roa	16542	0.041	0.069	0.040	−0.277	0.224
finan	16542	0.134	0.098	0.118	0	0.813
tfp	16542	13.862	1.047	13.881	5.352	18.398
cash	16542	0.163	0.134	0.123	0.008	0.993
labor	16542	13.631	0.773	13.562	5.825	18.771
soe	16542	0.661	0.473	1.000	0	1.000

资料来源：笔者自制。

第二节　基准回归结果

城市数字经济发展水平对制造业创新效率影响的基准回归结果如表5.2所示。其中，列（1）为整体创新效率（efficiency）作为被解释变量的回归结果，列（2）为创新质量（efficiency1）作为被解释变量的回归结果,列(3)为实用型专利授权量作为产出指标测算得到的创新数量效率($efficiency2$)作为被解释变量的回归结果,列(4)为外观设计型专利授权量作为产出指标测算得到的创新数量效率($efficiency3$)作为被解释变量的回归结果。由估计结果可知,城市数字经济发展水平($digital\_index$)的估计系数都至少在5%水平上显著为正,说明数字经济可以显著提升企业整体创新效率、创新质量效率与创新数量效率。因此,数字经济有利于提升制造业创新效率,这一结果验证了本书第三章理论分析得到的结论,也佐证了数理模型推导得到的结论。

表5.2　　　　　　　　　　基准回归结果

变量	(1) $efficiency$	(2) $efficiency1$	(3) $efficiency2$	(4) $efficiency3$
$digital\_index$	0.009*** (2.59)	0.012** (2.32)	0.015*** (2.61)	0.018*** (2.91)
$industry$	-0.003*** (-2.64)	-0.003** (-2.34)	-0.004*** (-2.88)	-0.003** (-2.24)
$advan$	0.010 (1.24)	0.012* (1.73)	0.015* (1.84)	0.011 (1.32)
$ration$	-0.014*** (-3.53)	-0.006 (-1.57)	-0.007* (-1.72)	-0.009** (-2.19)
$open$	-0.003 (-0.08)	0.023 (0.71)	0.019 (0.50)	0.012 (0.30)
per_gdp	-0.002 (-1.42)	-0.001 (-0.86)	-0.001 (-0.64)	0 (-0.11)
$science$	-0.142 (-1.06)	0.098 (0.79)	0.082 (0.57)	0.087 (0.59)

第五章　数字经济影响制造业创新效率的实证分析

续表

变量	（1） *efficiency*	（2） *efficiency*1	（3） *efficiency*2	（4） *efficiency*3
size	0.035*** (68.12)	0.026*** (54.61)	0.029*** (51.96)	0.025*** (44.80)
lev	0.002 (0.90)	-0.001 (-0.48)	-0.003 (-0.93)	-0.007** (-2.57)
roa	0.094*** (13.12)	0.043*** (6.49)	0.068*** (8.89)	0.085*** (10.68)
finan	0.102*** (20.74)	0.099*** (21.62)	0.110*** (20.87)	0.008 (1.53)
tfp	0.001* (1.94)	0.001* (1.84)	0.001 (1.48)	0.002*** (2.73)
cash	0.028*** (7.84)	0.019*** (5.68)	0.018*** (4.71)	0.017*** (4.27)
labor	-0.005*** (-8.07)	-0.003*** (-5.76)	-0.004*** (-6.08)	-0.005*** (-7.44)
soe	-0.002** (-2.25)	-0.002** (-2.43)	-0.002** (-1.97)	-0.001 (-1.25)
_*cons*	-0.535*** (-26.32)	-0.411*** (-21.72)	-0.449*** (-20.54)	-0.332*** (-14.76)
个体效应	Yes	Yes	Yes	Yes
时间效应	Yes	Yes	Yes	Yes
行业效应	Yes	Yes	Yes	Yes
N	16542	16542	16542	16542
R^2	0.422	0.314	0.308	0.259
F	231.061	145.093	141.266	110.721

注：***、**、* 分别表示在1%、5%与10%的水平上显著，括号里为 t 值。

资料来源：笔者自制。

第三节 稳健性检验与内生性探讨

一 替换数字经济

借鉴赵涛等（2020）的做法，采用主成分方法得到城市数字经济发展水平的衡量指标（$digital\_index1$），以此作为核心解释变量的替代指标进行稳健性检验。表5.3报告了替换数字经济衡量指标的稳健性检验结果。其中，列（1）至列（4）分别为制造业整体创新效率（$efficiency$）、创新质量效率（$efficiency1$）、创新数量效率（$efficiency2$、$efficiency3$）作为被解释变量的回归结果。由估计结果可知，采用主成分分析法得到数字经济（$digital\_index1$）的估计系数都在1%的水平上显著为正，说明数字经济有利于提升制造业创新效率，所得结论与前文一致，表明分析结果稳健可信。

表5.3　替换数字经济衡量指标的稳健性检验结果

变量	（1） $efficiency$	（2） $efficiency1$	（3） $efficiency2$	（4） $efficiency3$
$digital\_index1$	0.001*** (3.33)	0.001*** (3.94)	0.001*** (2.67)	0.001*** (3.58)
控制变量	Yes	Yes	Yes	Yes
个体效应	Yes	Yes	Yes	Yes
时间效应	Yes	Yes	Yes	Yes
行业效应	Yes	Yes	Yes	Yes
N	16542	16542	16542	16542
R^2	0.421	0.314	0.308	0.258
F	231.037	144.967	141.089	110.510

注：***表示在1%的水平上显著，括号里为t值。

资料来源：笔者自制。

二 替换制造业创新效率

使用本书第四章的异质性 SFA 方法,以专利总申请量为产出指标测算制造业整体创新效率(*effi_lnapply*),以发明专利申请量测算创新质量效率(*effi_lniapply*),分别以实用型专利和外观设计申请量测算得到创新数量效率(*effi_lnuapply*、*effi_lndapply*)作为制造业创新数量效率稳健性检验的替代指标。表5.4 报告了替换制造业创新效率衡量指标的稳健性检验结果。其中,列(1)至列(4)分别为制造业整体创新效率(*effi_lnapply*)、创新质量效率(*effi_lniapply*)与创新数量效率(*effi_lnuapply*、*effi_lndapply*)作为被解释变量的回归结果。由估计结果可知,城市数字经济发展水平(*digital_index*)的估计系数都在1%的水平上显著为正,说明采用专利申请量测算得到的制造业创新效率替换被解释变量后,所得结论并没有发生显著改变,进一步表明结果稳健可靠。

表5.4 **替换数字经济衡量指标的稳健性检验结果**

变量	(1) effi_lnapply	(2) effi_lniapply	(3) effi_lnuapply	(4) effi_lndapply
digital_index	0.004*** (3.67)	0.009*** (3.94)	0.001*** (3.01)	0.002*** (3.46)
控制变量	Yes	Yes	Yes	Yes
个体效应	Yes	Yes	Yes	Yes
时间效应	Yes	Yes	Yes	Yes
行业效应	Yes	Yes	Yes	Yes
N	16539	16542	16491	16541
R^2	0.974	0.372	0.822	0.962
F	11994.785	187.444	1459.672	8102.433

注:***表示在1%的水平上显著,括号里为 *t* 值。
资料来源:笔者自制。

三 工具变量法

内生性问题主要由随机干扰项与核心解释变量相关导致，一般主要由遗漏变量偏差、双向因果关系、测量误差偏差等造成内生性问题。在本书的研究中，采用的是企业面板数据且控制了时间性非观测因素与非时间性的行业、个体差异，减少了一般性遗漏变量造成的偏误。由于本书研究城市数字经济对制造业创新效率的影响，存在双向因果关系的可能性较低。对城市数据数字经济指标的测量来源于城市宏观指标，企业创新效率指标为微观企业指标，城市宏观指标可以影响企业个体，但微观企业个体因素对整个城市宏观因素影响较小，因此存在双向因果关系的可能性较小。然而，本书可能存在数字经济衡量指标的测量误差偏差问题，采用熵权法构建数字经济衡量指标时，因数据本身的可获取性，无法找到所有相关指标通过权重得到的综合指标，为此选择工具变量（Ⅳ）进行估计，这样不仅可以克服这一问题，也能在一定程度上减弱因双向因果关系带来内生性问题造成的估计偏误。

综合上述分析，参考黄慧群等（2019）、赵涛等（2020）的做法，选择城市1984年邮电历史数据作为数字经济的工具变量[①]。一方面，历史上的电信基础设施会影响后续互联网技术的应用；另一方面，传统电信工具对经济发展的影响会随着数字技术的发展而逐渐式微，满足排他性（赵涛等，2020）。同时，张勋等（2019）认为数字

---

① 由于该工具变量使用的数据为截面数据，不能进行面板数据回归，参考 Nunn 和 Qian（2014）的做法，引入一个随时间变化的变量构造出面板数据类型的工具变量。进一步，参考赵涛等（2020）的做法，以上一年全国互联网用户数与选择的截面工具变量构造交互项。

经济和数字金融是一组同义词，为此采用北京大学数字普惠金融指数（郭峰等，2020）作为第二个工具变量，选择该指数作为工具变量主要因为数字普惠金融指数与构造的数字经济的相关性程度较高，且城市的普惠金融指数对制造业创新效率影响较小。

工具变量法（2SLS）的检验结果如表 5.5 所示。其中，列（1）至列（4）分别为制造业整体创新效率（efficiency）、创新质量效率（efficiency1）、创新数量效率（efficiency2、efficiency3）作为被解释变量的回归结果。为了验证工具变量的有效性，分别对工具变量进行了识别不足检验、弱识别检验和过度识别检验。由表 5.5 可知，Kleibergen-Paaprk LM 检验结果显示模型在 1% 的水平上拒绝了工具变量识别不足的原假设。进一步地，Kleibergen-Paaprk Wald 检验统计量均超过了 Stock-Yogo 检验 10% 的水平上的临界值，拒绝了选取的工具变量为弱工具变量的假定。Hansen-J 检验的相伴概率均大于 0.1，表明不存在工具变量过度识别问题，即本文选取的工具变量是合理的。由估计结果可知，数字经济（digital_index）的估计系数都至少在 5% 的水平上显著为正，说明即使考虑到衡量偏误等可能造成的内生性问题，核心解释变量的估计系数正负号和显著性并未发生显著改变，进一步表明估计结果是稳健的，前文所得结论可信。

表 5.5　　　　　　　　　　工具变量法检验结果

变量	(1) efficiency	(2) efficiency1	(3) efficiency2	(4) efficiency3
digital_index	0.068** (2.31)	0.049** (2.37)	0.053** (2.51)	0.063*** (2.72)
控制变量	Yes	Yes	Yes	Yes

续表

变量	(1) efficiency	(2) efficiency1	(3) efficiency2	(4) efficiency3
个体效应	Yes	Yes	Yes	Yes
时间效应	Yes	Yes	Yes	Yes
行业效应	Yes	Yes	Yes	Yes
N	16366	16366	16366	16366
R^2	0.097	0.063	0.108	0.089
F	24.740	17.104	32.051	27.275
Kleibergen-Paaprk LM statistic	431.884 [0]	431.884 [0]	431.884 [0]	431.884 [0]
Kleibergen-Paaprk Wald F statistic	581.821	581.821	581.821	581.821
Stock-Yogo weak test 10% critical values	19.930	19.930	19.930	19.930
Hansen-J statistic	1.522 [0.217]	1.275 [0.259]	0.640 [0.424]	0.158 [0.691]

注：***、**分别表示在1%、5%的水平上显著；圆括号内为稳健性标准误计算得到的 z 值，方括号内为 p 值。

资料来源：笔者自制。

四 PSM 检验

对于制造业而言，城市数字经济发展对企业创新效率造成影响，并非由于企业主动选择数字经济发展水平较高的城市。大城市、经济发达城市的人力资本、创新环境等条件相对优渥，当地企业的创新活动也较活跃，即使有些城市的企业受到数字经济的影响较小，其企业创新效率也可能高于其他城市的企业。为此，采用倾向得分匹配模型（PSM）方法解决这种选择偏差问题，其本质思想为：根据数字经济发展水平的年均值将样本划分为处理组和对照组，如果企业所在的城市数字经济水平大于年均值则定义为处理组，反之则为对照组；然后采用 PSM 方法尽可能匹配城市数字经

第五章 数字经济影响制造业创新效率的实证分析

济水平较高企业（处理组）相似的城市数字经济水平较低企业（控制组），从而通过处理组与控制组的潜在结果差异估计 ATT[①]，以此判断因城市数字经济水平的提高是否影响了制造业创新效率。数字经济对制造业创新效率影响的平均处理效应 ATT 为

$$\begin{aligned} ATT &= E(Y_{1i} - Y_{0i} \mid D = 1) \\ &= E\{E[Y_{1i} - Y_{0i} \mid D_i = 1, p(X_i)]\} \\ &= E(Y_{1i} \mid D_i = 1) - E(Y_{0i} \mid D_i = 1) \end{aligned} \quad (5.2)$$

式中：Y_{1i} 和 Y_{0i} 分别为处理组和对照组的潜在结果；D_i 为企业处于城市数字经济水平的组别；1 为企业在数字经济水平高的组别；0 为企业在数字经济水平低的组别；X_i 为企业需要匹配的特征变量向量；$p(X_i)$ 为倾向得分。为了得到倾向得分值，可以使用 Logit 回归得到的预测概率值作为倾向得分 $p(X_i)$ 的估计值，则将倾向得分定义为

$$p(X_i) = pr[D_i = 1 \mid X_i] = \frac{\exp(\boldsymbol{\beta} X_i)}{1 + \exp(\boldsymbol{\beta} X_i)} \quad (5.3)$$

式中：$\boldsymbol{\beta}$ 为系数向量。由于 $p(X_i)$ 是一个连续值，不同的样本具有不同的 $p(X_i)$ 值，式（5.3）并不能直接进行估计。针对这一问题，可以采用最近邻匹配、半径匹配、核匹配等方法估计结

---

① 简而言之，据企业所在的城市数字经济发展水平高低将企业样本分为处理组和对照组，处理组为企业所在城市数字经济发展较高的样本，对照组为所在城市数字经济发展水平较低的组。通过基准回归已知数字经济发展水平的提高会促进企业创新效率提升。但这可能存在企业所在城市并非自己主动选择的问题，城市数字经济发展水平高，企业整体创新活动本身就活跃，然而处于数字经济发达城市的企业也可能由于其他因素导致创新效率一般，处于数字经济发展水平较低城市的企业也可能因其他因素导致创新效率较高。这种情形就会导致自选择问题，为此可以采用 PSM 方法匹配处理组与对照组最相似的企业，在统计上考察实验组与控制组是否存在显著差异，以及企业创新效率的结果差异有多少是由城市数字经济水平发展带来的。

果（Lian et al., 2011）。

ATT 结果如表 5.6 所示。由 ATT 结果可知，整体创新效率（efficiency）、创新质量效率（efficiency1）、创新数量效率（efficiency2、efficiency3）作为结果变量，采用最近邻匹配、半径匹配和核匹配方法，得到的平均处理效应 ATT 都至少在 10% 的水平上显著为正，说明制造业创新效率会随着数字经济水平的提高而提升。总体而言，数字经济可以有效提升制造业创新效率，进一步说明前文所得结论稳健可信。

表 5.6 ATT 结果

变量	整体创新效率 efficiency		创新质量效率 efficiency1		创新数量效率			
					efficiency2		efficiency3	
	ATT	t 值	ATT	t 值	ATT	t 值	ATT	t 值
最近邻匹配	0.001	2.93***	0.004	4.10***	0.001	4.41***	0.007	5.71***
半径匹配	0.002	1.96*	0.004	4.56***	0.005	4.87***	0.005	6.42***
核匹配	0.002	2.09**	0.005	4.85***	0.006	5.12***	0.007	6.47***

注：***、**、* 分别表示在 1%、5% 与 10% 的水平上显著。

资料来源：笔者自制。

第四节 异质性分析

异质性分析主要从地区、企业规模与行业三个方面展开，其中地区异质性分为西部地区、中部地区和东部地区三个地区样本，企业规模异质性以当年企业总资产大小分为小规模企业、中规模企业和大规模企业样本，行业异质性以企业当年所在行业划分为劳动密集型、资本密集型和知识密集型三个行业。异质性探讨有助于理解中国不同地区、企业规模和行业的数字经济发展水平对企业创新效率的具体影响，然后根据实证结果有针对性地提出政策建议。

一 地区异质性

表5.7为数字经济影响制造业创新效率的地区异质性回归结果。由估计结果可知，整体创新效率（efficiency）、创新质量效率（efficiency1）、创新数量效率（efficiency2、efficiency3），作为被解释变量时，西部地区与中部地区样本的城市数字经济发展水平（digital_index）的估计系数都不显著，而东部地区样本的城市数字经济发展水平（digital_index）都在1%的水平上显著为正。这一结果表明，数字经济不会显著影响中西部地区制造业企业的创新效率，但有利于东部地区制造业企业的创新效率的提升，这种促进效应不仅可以提升东部地区制造业企业的整体创新效率，还有利于提升创新质量与创新数量效率。可能的原因在于，中西部地区城市的数字经济整体发展水平较低，对企业创新效率的作用效应未显现。而东部地区经济发达，数字经济的基础设施完善，数字经济等相关试点政策在东部地区先行，加上当地数字经济发展水平较高，已对企业创新活动产生显著影响。

表5.7　　　　　　　　　地区异质性回归结果

变量	(1)	(2)	(3)	(4)	(5)	(6)
	整体创新效率（efficiency）			创新质量效率（efficiency1）		
	西部地区	中部地区	东部地区	西部地区	中部地区	东部地区
digital_index	0.030 (0.71)	-0.031 (-1.06)	0.028*** (4.95)	0.021 (1.53)	-0.036 (-1.41)	0.023*** (3.45)

续表

变量	(1)	(2)	(3)	(4)	(5)	(6)
	整体创新效率（*efficiency*）			创新质量效率（*efficiency*1）		
	西部地区	中部地区	东部地区	西部地区	中部地区	东部地区
控制变量	Yes	Yes	Yes	Yes	Yes	Yes
个体效应	Yes	Yes	Yes	Yes	Yes	Yes
时间效应	Yes	Yes	Yes	Yes	Yes	Yes
行业效应	Yes	Yes	Yes	Yes	Yes	Yes
N	2542	2536	11464	2542	2536	11464
R^2	0.411	0.478	0.434	0.313	0.382	0.325
F	34.705	45.451	168.461	22.693	30.704	105.838

变量	(1)	(2)	(3)	(4)	(5)	(6)
	创新数量效率（*efficiency*2）			创新数量效率（*efficiency*3）		
	西部地区	中部地区	东部地区	西部地区	中部地区	东部地区
$digital\_index$	0.027 (1.62)	-0.028 (-0.98)	0.029*** (3.66)	0.032 (1.42)	0.022 (0.74)	0.031*** (3.80)
控制变量	Yes	Yes	Yes	Yes	Yes	Yes
个体效应	Yes	Yes	Yes	Yes	Yes	Yes
时间效应	Yes	Yes	Yes	Yes	Yes	Yes
行业效应	Yes	Yes	Yes	Yes	Yes	Yes
N	2542	2536	11464	2542	2536	11464
R^2	0.325	0.380	0.313	0.267	0.304	0.275
F	23.952	30.475	100.103	18.115	21.734	83.093

注：***表示在1%的水平上显著，括号里为 t 值。

资料来源：笔者自制。

二 企业规模异质性

表5.8报告了数字经济影响制造业创新效率的企业规模异质性回归结果。在以整体创新效率（*efficiency*）作为被解释变量时，

小规模企业样本的数字经济（digital_index）估计系数在10%的水平上显著为正，中规模企业和大规模企业样本的城市数字经济发展水平（digital_index）估计系数都在5%水平上显著为正，表明无论是对于中小规模企业还是大规模企业，数字经济都有利于制造业整体创新效率的提升。但作用效应会随着企业规模的增大呈现递增效应，即数字经济更能促进中大规模企业的整体创新效率。可能的原因在于，中大规模企业往往具有较充裕的研发资金与较多的研发人员，本身就可以对企业创新起到促进作用，加上数字经济带来的平台性且能促使企业数字化转型，产生的"叠加效应"更能促进中大规模企业创新效应的提升。同时，小规模企业的整体创新效率显著，这说明需要更重视数字经济给小规模企业带来的创新效应。

表5.8　　　　　　　　　企业规模异质性回归结果

变量	(1)	(2)	(3)	(4)	(5)	(6)
	整体创新效率（efficiency）			创新质量效率（efficiency1）		
	小规模企业	中规模企业	大规模企业	小规模企业	中规模企业	大规模企业
digital_index	0.008* (1.85)	0.013** (2.28)	0.017** (2.31)	0.010 (1.50)	0.016*** (2.64)	0.018** (2.33)
控制变量	Yes	Yes	Yes	Yes	Yes	Yes
个体效应	Yes	Yes	Yes	Yes	Yes	Yes
时间效应	Yes	Yes	Yes	Yes	Yes	Yes
行业效应	Yes	Yes	Yes	Yes	Yes	Yes
N	5523	5536	5483	5523	5536	5483
R^2	0.336	0.187	0.396	0.163	0.108	0.340
F	54.195	24.238	69.690	20.918	12.741	54.949

续表

变量	(1)	(2)	(3)	(4)	(5)	(6)
	创新数量效率（*efficiency*2）			创新数量效率（*efficiency*3）		
	小规模企业	中规模企业	大规模企业	小规模企业	中规模企业	大规模企业
$digital\_index$	0.015 (1.54)	0.021*** (2.60)	0.033** (2.01)	0.017** (2.37)	0.022*** (2.85)	0.034** (2.17)
控制变量	Yes	Yes	Yes	Yes	Yes	Yes
个体效应	Yes	Yes	Yes	Yes	Yes	Yes
时间效应	Yes	Yes	Yes	Yes	Yes	Yes
行业效应	Yes	Yes	Yes	Yes	Yes	Yes
N	5523	5536	5483	5523	5536	5483
R^2	0.210	0.141	0.313	0.154	0.122	0.277
F	28.465	17.256	48.406	19.492	14.679	40.890

注：***、**、* 分别表示在1%、5%与10%的水平上显著，括号里为 t 值。

资料来源：笔者自制。

创新质量效率（*efficiency*2）作为被解释变量时，小规模企业样本的数字经济（$digital\_index$）估计系数不显著，中规模企业和大规模企业样本的数字经济（$digital\_index$）估计系数都至少在5%水平上显著为正，表明在小规模企业样本中，数字经济不再显著影响企业创新质量效率，但数字经济有利于中大规模企业的创新质量效率。主要的原因在于，发明专利具有不确定性，且研发周期较长，小企业可能不愿意选择质量创新，数字经济带来的质量创新效应也会被"遮掩"，而中大规模企业由于研发投入充足，其数字化转型会产生双重叠加效应。并且，数字经济有利于中大规模企业的创新数量效率。同时，数字经济不利于小规模企业以实用型专利为产出指标测算得到的创新数量效率，但有利于根据外观设计型专利测算的创新数量效率提升。这说明数字经济提升小规模企业的创新效率主要依靠创新数量，而非创新质量。

三 行业异质性

城市数字经济发展水平影响制造业创新效率的行业异质性回归结果如表 5.9 所示。由估计结果可知，整体创新效率（efficiency）、创新质量效率（efficiency1）与创新数量效率（efficiency2、efficiency3）作为被解释变量，在劳动密集型与知识密集型行业的企业中，城市数字经济发展水平（digital_index）的估计系数都至少在 10% 的水平上显著，表明数字经济对劳动密集型与知识密集型行业的企业整体创新效率、创新质量效率与创新数量效率具有显著的提升作用。但对资本密集型企业而言，整体创新效率（efficiency）与创新数量效率（efficiency2、efficiency3）作为被解释变量时，数字经济（digital_index）的估计系数都至少在 10% 的水平上显著，表明数字经济可以显著提升资本密集型行业的整体创新效率与创新数量效率，但对劳动密集型行业的作用效应更大；创新质量效率（efficiency1）作为被解释变量时，估计系数不显著，表明数字经济对资本密集型行业的创新质量效率没有显著影响。

表 5.9　　　　　　　　行业异质性回归结果

变量	(1)	(2)	(3)	(4)	(5)	(6)
	整体创新效率（efficiency）			创新质量效率（efficiency1）		
	劳动密集型行业	资本密集型行业	知识密集型行业	劳动密集型行业	资本密集型行业	知识密集型行业
digital_index	0.031*** (3.44)	0.025* (1.82)	0.012* (1.75)	0.018*** (3.08)	-0.007 (-0.64)	0.019** (2.34)

续表

变量	（1）	（2）	（3）	（4）	（5）	（6）
	整体创新效率（efficiency2）			创新质量效率（efficiency3）		
	劳动密集型行业	资本密集型行业	知识密集型行业	劳动密集型行业	资本密集型行业	知识密集型行业
控制变量	Yes	Yes	Yes	Yes	Yes	Yes
个体效应	Yes	Yes	Yes	Yes	Yes	Yes
时间效应	Yes	Yes	Yes	Yes	Yes	Yes
行业效应	Yes	Yes	Yes	Yes	Yes	Yes
N	5892	3539	7111	5892	3539	7111
R^2	0.387	0.495	0.429	0.284	0.347	0.344
F	99.738	114.595	183.737	62.633	62.112	128.158

变量	（1）	（2）	（3）	（4）	（5）	（6）
	创新数量效率（efficiency2）			创新数量效率（efficiency3）		
	西部地区	中部地区	东部地区	西部地区	中部地区	东部地区
$digital\_index$	0.020*** (3.02)	0.004* (1.76)	0.018** (2.02)	0.018*** (2.76)	0.005* (1.79)	0.016*** (3.29)
控制变量	Yes	Yes	Yes	Yes	Yes	Yes
个体效应	Yes	Yes	Yes	Yes	Yes	Yes
时间效应	Yes	Yes	Yes	Yes	Yes	Yes
行业效应	Yes	Yes	Yes	Yes	Yes	Yes
N	5892	3539	7111	5892	3539	7111
R^2	0.283	0.349	0.330	0.243	0.297	0.277
F	62.568	62.622	120.147	50.661	49.426	93.350

注：***、**、*分别表示在1%、5%与10%的水平上显著，括号里为t值。

资料来源：笔者自制。

产生这一结果可能的原因在于，劳动密集型行业借助数字经济发展的优势，在数字化转型背景下，提高了资源配置与生产效率，进而有利于企业创新效率的提升。而知识密集型行业本身数字化程度较高，数字经济带来的数字化效应有利于企业创新效率的提升，但没有劳动密集型行业那样"立竿见影"的效果。资本密集型行业则受资本影响更多，数字经济发展带来的创新效应不显著，可能是因为整体的数字经济发展水平对资本密集型行业的企业创新效率的影响存在一定的门槛效应。

第五节 小结

本章使用2011—2019年的A股上市制造业企业与城市的混合面板数据，实证检验了城市数字经济发展水平对制造业创新效率的影响。研究发现：数字经济有利于提升制造业整体创新效率、创新质量效率与创新数量效率，对制造业创新效率具有显著促进作用。异质性分析发现：（1）数字经济不会显著影响中西部地区制造业企业的创新效率，这种不显著的影响不仅表现在企业整体创新效率上，还表现在创新质量效率与创新数量效率上；但数字经济有利于东部地区制造业企业的创新效率的提升，这种促进效应不仅可以提升东部地区制造业企业的整体创新效率，还有利于提升创新质量与创新数量效率。（2）无论是中小规模企业还是大规模企业，数字经济都有利于其整体创新效率的提升，且作用效应会随企业规模的增大而递增，即对大中规模企业的作用效应更明显；数字经济有利于提升大中规模企业的创新质量效率与创新数量效率，然而数字经济提升小规模企业的创新效率主要依靠创新数量，而非创新质量。（3）行业异质性表明数字经济对劳动密集型与知识密集型行业的企业整体创新效率、创新质量效率与创新数量效率都有显著的提升作用。一方面，数字经济有利于提升资本密集型行业的整体创新效率与创新数量效率，但对劳动密集型行业的作用效应更大；另一方面，数字经济对资本密集型行业的创新质量效率没有显著影响。

在数字经济影响制造业创新效率的基准回归结果中，替换使用主成分分析法测算得到数字经济衡量指标，以及替换使用企业专利申请量为产出指标测算得到企业创新效率后，所得结论依然稳健。为克服测量偏差误差、互为因果关系带来的内生性问题，构造两个工具变量重新估计了数字经济对制造业创新效率的回归结果，所得结论一致。使用 PSM 在一定程度上解决了企业选择偏差问题后，所得结果同样表明数字经济对制造业创新效率具有显著提升作用。

第六章 数字经济影响制造业创新效率的作用机制分析

在本书第三章理论分析的基础上，构建数字经济影响制造业创新效率的作用机制模型，并分别从微观企业和宏观城市两个层面选择作用机制变量，探讨数字经济影响制造业创新效率的作用机制。在作用机制检验过程中，分别从微观企业与宏观城市两个维度，分析数字经济影响制造业整体创新效率、创新质量效率与创新数量效率的作用途径。在此基础上，详细检验数字经济影响企业创新效率的作用机制存在何种程度的地区、企业规模及行业异质性。其中，地区异质性从西部地区、中部地区和东部地区方面论述，企业规模从小规模、中规模与大规模企业角度展开讨论，将制造业企业划分为劳动密集型、资本密集型与知识密集型行业检验。

第一节 模型设定与变量选取

一 模型设定

为了检验数字经济影响制造业创新效率的作用机制，根据第三章理论研究内容，分别从企业与城市两个层面进行作用机制检验，构建如下中介效应（作用机制）模型：

$$efficiency_{i,t} = \beta_0 + \beta_1 digital\_index + \beta_2 control_{i,t} + \mu_i + \lambda_t + ind_{i,t} + \varepsilon_{i,t} \quad (6.1)$$

$$Med_{i,t} = \varphi_0 + \varphi_1 digital\_index + \varphi_2 control_{i,t} + \mu_i + \lambda_t + ind_{i,t} + \varepsilon_{i,t} \quad (6.2)$$

$$efficiency_{i,t} = \eta_0 + \lambda_1 digital\_index + \lambda_2 Med_{i,t} + \lambda_3 control_{i,t} + \mu_i + \eta_t + ind_{i,t} + \varepsilon_{i,t} \quad (6.3)$$

式中：Med 为作用机制变量；$efficiency$ 为企业创新效率；$digital\_index$ 为城市数字经济发展水平；$control$ 为控制变量；μ_i 为企业个体效应；η_t 为年份效应；$ind_{i,t}$ 为行业效应；$\varepsilon_{i,t}$ 为随机干扰项。

根据 Baron 和 Kenny（1986）的研究，上述模型可以分三个步骤进行检验：第一步，数字经济（$digital\_index$）与被解释变量企业创新效率（$efficiency$）回归；第二步，作用机制变量（Med）作为被解释变量与城市数字经济发展水平（$digital\_index$）回归；第三步，企业创新效率作为被解释变量，同时加入城市数字经济发展水平（$digital\_index$）与作用机制变量（Med）进行回归。如果估计系数 β_1 与 φ_1 估计系数都显著，则表明中介效应显著，说明选取的作用机制变量（Med）是城市数字经济发展水平影响企业创新效率的中介变量。若式（6.3）中 λ_1 的估计系数不显著，则表明存在完全的中介效应；若 β_1 与 φ_1 至少有一个估计系数不显著，可以采用 Sobel 检验进一步判断是否存在中介效应。然而，Zhao 等（2010）对传统逐步回归的方法进行研究发现，可以不考虑第一步回归的结果，只看第二步回归结果，若结果显著则可以判断为存在中介效应，若系数存在不显著情况则需要进一步使用自抽样（Bootstrap）的方法进行 Sobel 检验，判断是否存在显著的间接效应。

二 变量选取

城市数字经济发展水平（*digital_index*）与控制变量 *control* 的选取方式如第五章所述。本节重点介绍机制作用变量（中介变量）的选取，根据本书第三章的理论基础，分别从微观企业层面和宏观城市层面两个方面选取变量。

（一）微观企业层面

根据前文理论分析，选取政府补助（*gov_subsidy*）、企业税负（*tax*）和制度性交易成本（*cost*）作为作用机制检验变量。余长林等（2021）的研究表明政府补助促进数字经济的作用机制是提高研发投入，而政府补助无论是科研补助还是订单采购补助与创新激励补助，都会使企业有更多收入用于研发投入，进而利于企业创新，因此采用政府补助额的自然对数衡量（杨仁发、李胜胜，2020）。对企业税负，借鉴周云蕾等（2020）采用的综合指标实际税率（所得税费用/税前利润总额）衡量。对制度性交易成本，借鉴王永进和冯笑（2018）的做法，采用销售费用、管理费用和财务费用之和占总资产比重衡量。由于政府补助（*gov_subsidy*）、企业税负（*tax*）和制度性交易成本（*cost*）存在离群值，对其在1%和99%分位上进行双边缩尾处理，克服离群值对回归结果的影响。

（二）宏观城市层面

根据本书第三章城市层面作用机制理论分析，选取人力资本（*human*）、创新环境（*environment*）和产业集聚（*aggl*）作为城市层面作用的机制检验变量。其中，人力资本水平（*human*）借鉴 Zhou 和 Li（2021）的计算方法，采用当年城市总人口中拥有大专以上学历的人数占比衡量。城市创新环境（environment）采用 Zhang（2019）的中国城市层面创新创业指数衡量创新环境，该指数选择更客观真实的地区企业实际产出为依据，覆盖了创新活跃度较高的中小微企业、创业期企业，涵盖体现创新创业的多维度综合评价指标。已有文献对产业集聚程度的测算主要采用地区产业平均集中率、区位熵、EG 指数等，考虑到城市数据的可得性，以及区位熵可以清晰地刻画地理要素的空间分布状况且能在较大程度上减少城市规模的异质性效应，借鉴 Zhou 和 Li（2021）的做法，选取区位熵衡量城市产业集聚水平（aggl）[①]，计算出各产业的集聚水平后，进一步采用熵权法得到城市产业集聚水平的综合指标的自然对数，用以衡量产业集聚程度。

第二节　微观层面作用机制分析

本节从微观企业层面出发，探讨数字经济对企业创新效率的影响机制，将创新效率分为从整体创新效率、创新质量效率和创新数量效率三个方面详细论证。其中，整体创新效率是以专利授权总量为产出指标通过 SFA 方法测算得到的创新效率，创新质量效率是以发明专利授权量为产出指标测算得到的创新效率，创新数量效率是以实用型专利与外观设计专利为产出指标测算得到的创新效率。在此基础上，较系统地检验政府补助、企业税负与制

---

① 具体表达式为 $aggl_{i,t} = (E_{i,m}/E_i)(E_{k,m}/E_k)$，其中 $E_{i,m}$ 为 i 城市 m 产业增加值，E_i 为城市所有产业增加值，$E_{k,m}$ 为所有城市 m 产业增加值，E_k 为城市所有产业增加值。

度性交易成本的作用机制,并分析地区、企业规模与行业不同样本是否存在该作用机制,以及存在何种影响机制。

一 作用机制检验回归分析

(一) 整体创新效率作用机制检验

整体创新效率是使用所有专利授权量作为产出指标计算得到的创新效率,表 6.1 报告了整体创新效率作用机制检验的回归结果。其中,列(1)至列(3)分别为政府补助、企业税负与制度性交易成本作为被解释变量时城市数字经济发展水平对其影响的回归结果,即式(6.2)的回归结果;列(4)至列(6)为以整体创新效率作为被解释变量时引入城市数字经济发展水平与作用机制变量的回归结果,即式(6.1)的回归结果[①]。

表 6.1 　　　　整体创新效率作用机制检验结果

变量	(1) gov_subsidy	(2) tax	(3) cost	(4) efficiency	(5) efficiency	(6) efficiency
digital_index	0.449*** (3.56)	-0.011 (-0.64)	-0.030*** (-4.82)	0.010*** (3.89)	0.009*** (3.58)	0.006*** (3.03)
gov_subsidy				0.004*** (10.93)		
tax					-0.006** (-2.30)	
cost						-0.102*** (-15.09)

---

① 式(6.1)在第五章已证明,数字经济对整体创新效率具有显著正向影响。

续表

变量	(1) gov_subsidy	(2) tax	(3) cost	(4) efficiency	(5) efficiency	(6) efficiency
industry	−0.001 (−0.03)	0.007* (1.78)	−0.005*** (−3.50)	−0.003*** (−2.64)	−0.003*** (−2.60)	−0.003** (−2.24)
advan	0.660*** (3.71)	−0.050** (−2.07)	0.029*** (3.32)	0.007 (0.93)	0.009 (1.20)	0.007 (0.85)
ration	0.157* (1.77)	−0.007 (−0.61)	−0.011** (−2.49)	−0.014*** (−3.69)	−0.014*** (−3.54)	−0.012*** (−3.26)
open	−3.966*** (−4.90)	0.162 (1.47)	0.087** (2.18)	0.012 (0.33)	−0.002 (−0.05)	−0.012 (−0.34)
per_gdp	−0.014 (−0.44)	0.007* (1.65)	−0.005*** (−3.45)	−0.002 (−1.39)	−0.002 (−1.39)	−0.001 (−1.03)
science	25.257*** (8.17)	−0.563 (−1.34)	0.158 (1.04)	−0.234* (−1.75)	−0.145 (−1.08)	−0.158 (−1.19)
size	0.861*** (72.79)	0.009*** (5.38)	−0.015*** (−25.15)	0.032*** (54.13)	0.035*** (68.17)	0.036*** (70.21)
lev	0.456*** (7.66)	−0.007 (−0.89)	0.073*** (24.99)	0.001 (0.25)	0.002 (0.88)	−0.005** (−2.00)
roa	2.333*** (14.12)	0.318*** (14.12)	0.031*** (3.75)	0.085*** (11.90)	0.096*** (13.30)	0.091*** (12.76)
finan	−0.012 (−0.10)	0.042*** (2.74)	0.043*** (7.60)	0.102*** (20.82)	0.102*** (20.79)	0.098*** (19.96)
tfp	−0.047*** (−3.60)	0.005*** (2.94)	0.011*** (17.56)	0.001** (2.25)	0.001** (2.00)	0 (−0.10)
cash	0.021 (0.25)	−0.022** (−2.00)	0.005 (1.13)	0.028*** (7.85)	0.028*** (7.81)	0.027*** (7.77)
labor	−0.106*** (−7.15)	0.002 (1.19)	−0.007*** (−9.58)	−0.005*** (−7.48)	−0.005*** (−8.05)	−0.004*** (−6.98)

续表

变量	(1) gov_subsidy	(2) tax	(3) cost	(4) efficiency	(5) efficiency	(6) efficiency
soe	-0.004 (-0.17)	-0.008*** (-2.75)	-0.006*** (-5.23)	-0.002** (-2.25)	-0.002** (-2.30)	-0.002* (-1.65)
_cons	-2.467*** (-5.25)	-0.118* (-1.84)	0.312*** (13.48)	-0.526*** (-25.95)	-0.536*** (-26.36)	-0.567*** (-27.93)
个体效应	Yes	Yes	Yes	Yes	Yes	Yes
时间效应	Yes	Yes	Yes	Yes	Yes	Yes
行业效应	Yes	Yes	Yes	Yes	Yes	Yes
N	16542	16542	16542	16542	16542	16542
R^2	0.445	0.053	0.282	0.426	0.422	0.429
F	253.814	17.897	124.374	230.517	226.868	234.113

注：***、**、*分别表示在1%、5%与10%的水平上显著，括号里为t值。

资料来源：笔者自制。

由估计结果可知，在表6.1的列（1）中，政府补助（gov_subsidy）作为被解释变量时，城市数字经济发展水平（digital_index）估计系数在1%的水平上显著为正，表明数字经济发展可以为企业带来较多的政府补助，同时列（4）中数字经济（digital_index）与政府补助（gov_subsidy）的估计系数都在1%的水平上显著为正，表明政府补助是数字经济影响企业整体创新效率的中介变量。列（2）中，企业税负（tax）作为被解释变量时，城市数字经济发展水平（digital_index）估计系数为负，但不显著，说明数字经济可以为企业带来税收优惠，但效果不明显。同时，列（5）中，城市数字经济发展水平（digital_index）估计系数在1%的水平上显著为正的同时，企业税负（tax）估计系数在5%的水平上显著为负，表明需要采用

Sobel 方法检验是否存在中介效应，经 500 次自抽样方法检验的结果可知间接效应显著，表明企业税负也是数字经济影响企业整体创新效率的中介变量。列（3）中，制度性交易成本（cost）作为被解释变量时，城市数字经济发展水平（digital_index）估计系数在 1% 水平上显著为负，表明数字经济可以为降低企业制度性交易成本，同时在列（6）中，城市数字经济发展水平（digital_index）与制度性交易成本（cost）的估计系数都在 1% 的水平上显著，表明制度性交易成本是数字经济影响企业整体创新效率的中介变量。综上分析可知，数字经济发展可以为企业带来政府补助，通过减少企业税负与降低制度性交易成本来影响企业整体创新效率，所得结论符合本书第三章的理论分析。

（二）创新质量效率作用机制检验

企业创新质量效率以发明专利授权量作为产出指标，采用异质性 SFA 方法测算得到，其作用机制检验结果如表 6.2 所示。根据表 6.1，可以得到数字经济能使企业获得较多政府补助、降低企业税负与制度性交易成本的结论。进一步地，结合表 6.2 可知，同时将中介变量与城市数字经济发展水平的衡量指标加入模型回归后，中介变量政府补助（gov_subsidy）估计系数在 1% 的水平上显著为正，企业税负（tax）与制度性交易成本（cost）的估计系数都在 1% 的水平上显著为负。这表明政府补助、企业税负与制度性交易成本是数字经济影响企业创新质量效率的中介变量，即数字经济发展可以通过使企业获得政府补助、降低企业税负与制度性交易成本，来提升企业创新质量效率。

表6.2　　　　　　　创新质量效率作用机制检验结果

变量	(1)	(2)	(3)
	$efficiency1$	$efficiency1$	$efficiency1$
$digital\_index$	0.013*** (2.66)	0.012** (2.31)	0.009*** (2.80)
$gov\_subsidy$	0.004*** (11.84)		
tax		-0.007*** (-3.21)	
$cost$			-0.090*** (-14.24)
控制变量	Yes	Yes	Yes
个体效应	Yes	Yes	Yes
时间效应	Yes	Yes	Yes
行业效应	Yes	Yes	Yes
N	16542	16542	16542
R^2	0.320	0.315	0.322
F	146.201	142.630	147.925

注：***、**分别表示在1%、5%的水平上显著，括号里为t值。
资料来源：笔者自制。

（三）创新数量效率作用机制检验

创新数量效率作用机制检验回归结果如表6.3所示。其中，列（1）至列（3）为以实用型专利为产出指标测算得到企业创新数量效率作为被解释变量的估计结果，列（4）至列（6）为以外观设计型专利为产出指标测算得到企业创新数量效率作为被解释变量的估计结果。由估计结果可知，作用机制变量政府补助（$gov\_subsidy$）、企业税负（tax）与制度性交易成本（$cost$）的估计系数都至少在5%

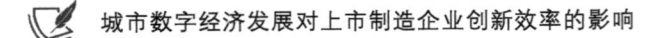

的水平上显著,说明数字经济通过政府补助、企业税负与制度性交易成本影响企业创新数量效率。

表6.3　　　　　　　创新数量效率作用机制检验结果

变量	(1)	(2)	(3)	(4)	(5)	(6)
	实用型专利授权			外观设计型专利授权		
$digital\_index$	0.017*** (2.97)	0.015*** (2.59)	0.012*** (3.45)	0.020*** (3.31)	0.018*** (2.89)	0.014** (2.36)
$gov\_subsidy$	0.005*** (12.71)			0.005*** (13.68)		
tax		-0.008*** (-3.09)			-0.012*** (-4.24)	
$cost$			-0.105*** (-14.44)			-0.113*** (-15.14)
控制变量	Yes	Yes	Yes	Yes	Yes	Yes
个体效应	Yes	Yes	Yes	Yes	Yes	Yes
时间效应	Yes	Yes	Yes	Yes	Yes	Yes
行业效应	Yes	Yes	Yes	Yes	Yes	Yes
N	16542	16542	16542	16542	16542	16542
R^2	0.315	0.309	0.317	0.268	0.260	0.269
F	143.001	138.852	144.281	115.869	111.409	116.866

注:***、**分别表示在1%、5%的水平上显著,括号里为t值。

资料来源:笔者自制。

二　异质性分析

异质性分析主要从地区、企业规模与行业三个方面进行,其中地区异质性根据地区经济发展水平将全国分为西部地区、中部地区和东部地区三个样本进行,企业规模异质性根据当年企业总资产大小分为小规模企业、中规模企业和大规模企业三个样本，行业异质性根据企业当年所在行业分为劳动密集型企业、资本密集型企业和知识密集型企业三个分组样本[①]。

(一) 地区异质性

表6.4报告了作用机制检验的地区异质性回归结果[②]。由估计结果可知，在Panel A与Panel B中，西部地区与中部地区企业样本中，政府补助（gov_subsidy）与企业税负（tax）作为被解释变量时，城市数字经济发展水平（digital_index）的估计系数都不显著；制度性交易成本（cost）作为被解释变量时，城市数字经济发展水平（digital_index）估计系数显著为负，表明数字经济可以显著降低西部地区与中部地区企业的制度性交易成本，而对政府补助与企业税负不存在显著影响。由于列（1）和列（2）中城市数字经济发展水平（digital_index）估计系数都不显著，进行自助法的Sobel检验发现不存在显著的间接效应，表明政府补助与企业税负不是显著的中介变量。列（6）中，数字经济（digital_index）与制度性交易成本（cost）估计系数都显著，表明制度性交易成本是数字经济影响中西部地区企业整体创新效率的中介变量。

就东部地区而言，Panel C中政府补助（gov_subsidy）与制度性交易成本（cost）作为被解释变量时，城市数字经济发展水平（digital_index）的估计系数都在1%的水平上显著，说明数字经济

[①] 具体划分方法见第四章。
[②] 表格中内容为企业整体创新效率作为被解释变量得到的结果，创新质量效率与创新数量效率作为被解释变量，进行式（6.1）回归后，估计显著性与系数正负号与整体创新效率说的结果一致。在后文中分析，为保证行文简洁，专利授权总量作为产出指标，异质性SFA方法测算的效率作为制造业创新效率时，后文统称为制造业创新效率。

发展给企业带来了较高的政府补助,并能降低制度性交易成本;企业税负(tax)作为被解释变量时,城市数字经济发展水平(digital_index)估计系数为负但不显著,说明数字经济可以为企业带来减少税负的效应,但作用效应并不显著。根据Panel C中的结果,城市数字经济发展水平(digital_index)、政府补助(gov_subsidy)、企业税负(tax)、制度性交易成本(cost)作为被解释变量时,城市数字经济发展水平(digital_index)的估计系数都在1%的水平上显著。同时,进行自抽样方法的Sobel检验后,发现存在显著的间接效应。

表6.4　　　　作用机制检验地区异质性回归结果

变量	(1) gov_subsidy	(2) tax	(3) cost	(4) efficiency	(5) efficiency	(6) efficiency
Panel A 西部地区						
$digital\_index$	-0.431 (-1.47)	-0.081 (-1.41)	-0.051*** (-2.77)	0.030 (1.64)	0.029 (1.45)	0.032* (1.93)
$gov\_subsidy$				0.002** (2.01)		
tax					-0.010* (-1.81)	
$cost$						-0.072*** (-4.04)
控制变量	Yes	Yes	Yes	Yes	Yes	Yes
个体效应	Yes	Yes	Yes	Yes	Yes	Yes
时间效应	Yes	Yes	Yes	Yes	Yes	Yes
行业效应	Yes	Yes	Yes	Yes	Yes	Yes
N	2542	2542	2542	2542	2542	2542

续表

变量	(1) gov_subsidy	(2) tax	(3) cost	(4) efficiency	(5) efficiency	(6) efficiency
Panel A 西部地区						
R^2	0.458	0.072	0.343	0.411	0.410	0.413
F	42.977	3.956	26.584	34.707	34.680	35.123
Panel B 中部地区						
digital_index	0.659 (1.06)	0.204 (1.09)	-0.114*** (-3.78)	-0.034 (-1.19)	-0.030 (-1.04)	0.047* (1.65)
gov_subsidy				0.006*** (6.11)		
tax					-0.002 (-0.26)	
cost						-0.146*** (-7.72)
控制变量	Yes	Yes	Yes	Yes	Yes	Yes
个体效应	Yes	Yes	Yes	Yes	Yes	Yes
时间效应	Yes	Yes	Yes	Yes	Yes	Yes
行业效应	Yes	Yes	Yes	Yes	Yes	Yes
N	2536	2536	2536	2536	2536	2536
R^2	0.442	0.076	0.424	0.482	0.474	0.486
F	40.175	4.184	37.313	46.215	44.797	47.061
Panel C 东部地区						
digital_index	0.464*** (2.86)	-0.014 (-0.66)	-0.029*** (-3.51)	0.025*** (3.50)	0.023*** (3.24)	0.020*** (2.89)
gov_subsidy				0.004*** (8.74)		
tax					-0.010*** (-3.27)	
cost						-0.094*** (-11.80)

续表

变量	(1) gov_subsidy	(2) tax	(3) cost	(4) efficiency	(5) efficiency	(6) efficiency
Panel C 东部地区
控制变量	Yes	Yes	Yes	Yes	Yes	Yes
个体效应	Yes	Yes	Yes	Yes	Yes	Yes
时间效应	Yes	Yes	Yes	Yes	Yes	Yes
行业效应	Yes	Yes	Yes	Yes	Yes	Yes
N	11464	11464	11464	11464	11464	11464
R^2	0.461	0.055	0.264	0.437	0.434	0.440
F	191.534	13.035	80.448	170.584	168.352	172.715

注：***、**、* 分别表示在1%、5%与10%的水平上显著，括号里为 t 值。

资料来源：笔者自制。

综上，对西部地区与中部地区企业而言，数字经济可以通过降低企业制度性交易成本提升企业创新效率。对东部地区企业而言，数字经济可以通过政府补助、企业税负与制度性交易成本影响企业创新效率。

（二）企业规模异质性

表6.5报告了作用机制检验的企业规模异质性回归结果。由估计结果可知，在 Panel A 与 Panel B 中，小规模企业和中规模企业样本中，政府补助（$gov\_subsidy$）与制度性交易成本（$cost$）作为被解释变量时，城市数字经济发展水平（$digital\_index$）的估计系数在1%水平上显著，而企业税负（tax）作为被解释变量时，城市数字经济发展水平数字经济（$digital\_index$）的估计系数不显著，表明数字经济可以显著提升中小规模企业的政府补助并降低制度性交易成本，而数字经济对中小规模企业税负不存在显著影

响。由于列（2）中城市数字经济发展水平（digital_index）估计系数不显著，采用自助法的 Sobel 检验后，发现不存在显著的间接效应，表明企业税负不是中小规模企业的中介变量。根据 Panel A 与 Panel B 的列（4）和列（6）回归结果，城市数字经济发展水平（digital_index）、政府补助（gov_subsidy）、制度性交易成本（cost）作为被解释变量时，城市数字经济发展水平（digital_index）估计系数都显著，表明政府补助与制度性交易成本是数字经济影响中小规模企业整体创新效率的中介变量。就大规模企业而言，Panel C 中政府补助（gov_subsidy）、企业税负（tax）与制度性交易成本（cost）作为被解释变量时，城市数字经济发展水平（digital_index）的估计系数都不显著，但在列（4）至列（6）估计结果中，城市数字经济发展水平（digital_index）、政府补助（gov_subsidy）、企业税负（tax）与制度性交易成本（cost）的估计系数都显著，为此需要进一步采用 Sobel 检验判断是否存在间接效应。由检验结果可知，政府补助、制度性交易成本不存在间接效应，企业税负存在显著的间接效应。

表6.5　　　　作用机制检验企业规模异质性回归结果

变量	(1) gov_subsidy	(2) tax	(3) cost	(4) efficiency	(5) efficiency	(6) efficiency
Panel A 小规模企业							
digital_index	0.796*** (3.42)	0.042 (1.50)	−0.034*** (−3.16)	0.009** (2.23)	0.008** (2.03)	0.007* (1.90)
gov_subsidy				0.001*** (4.05)		
tax					0.001 (0.57)	

续表

变量	(1) gov_subsidy	(2) tax	(3) cost	(4) efficiency	(5) efficiency	(6) efficiency
Panel A 小规模企业						
cost						-0.017*** (-3.37)
控制变量	Yes	Yes	Yes	Yes	Yes	Yes
个体效应	Yes	Yes	Yes	Yes	Yes	Yes
时间效应	Yes	Yes	Yes	Yes	Yes	Yes
行业效应	Yes	Yes	Yes	Yes	Yes	Yes
N	5523	5523	5523	5523	5523	5523
R^2	0.139	0.078	0.289	0.337	0.335	0.336
F	17.682	9.204	44.436	54.501	54.026	54.350
Panel B 中规模企业						
digital_index	0.533*** (2.70)	-0.024 (-0.85)	-0.044*** (-4.04)	0.002** (2.25)	0.003** (2.46)	0.006* (1.88)
gov_subsidy				0.003*** (6.21)		
tax					0.003 (0.83)	
cost						-0.076*** (-9.55)
控制变量	Yes	Yes	Yes	Yes	Yes	Yes
个体效应	Yes	Yes	Yes	Yes	Yes	Yes
时间效应	Yes	Yes	Yes	Yes	Yes	Yes
行业效应	Yes	Yes	Yes	Yes	Yes	Yes
N	5536	5536	5536	5536	5536	5536
R^2	0.159	0.047	0.296	0.193	0.187	0.200
F	20.388	5.352	45.160	25.150	24.254	26.395

续表

变量	(1) gov_subsidy	(2) tax	(3) cost	(4) efficiency	(5) efficiency	(6) efficiency
\multicolumn{7}{c}{Panel C 大规模企业}
digital_index	-0.014 (-0.06)	-0.049 (-1.50)	0.008 (0.77)	0.013** (2.38)	0.013** (2.43)	0.012* (1.87)
gov_subsidy				0.006*** (6.79)		
tax					-0.014** (-2.41)	
cost						-0.187*** (-10.52)
控制变量	Yes	Yes	Yes	Yes	Yes	Yes
个体效应	Yes	Yes	Yes	Yes	Yes	Yes
时间效应	Yes	Yes	Yes	Yes	Yes	Yes
行业效应	Yes	Yes	Yes	Yes	Yes	Yes
N	5483	5483	5483	5483	5483	5483
R^2	0.370	0.051	0.343	0.401	0.396	0.408
F	63.876	5.834	56.834	71.172	69.862	73.261

注：***、**、* 分别表示在1%、5%与10%的水平上显著，括号里为 t 值。

资料来源：笔者自制。

综上，就中小规模企业而言，数字经济可以为企业带来政府补助的增加，减弱企业制度性交易成本对企业创新效率的影响；就大规模企业而言，数字经济可以减弱企业税负对企业创新效率的影响。

（三）行业异质性

表6.6报告了作用机制检验的行业异质性回归结果。由估

计结果可知，在 Panel A 劳动密集型行业中，列（1）中政府补助（gov_subsidy）作为被解释变量，城市数字经济发展水平（digital_index）的估计系数在 1% 水平上显著，且列（4）中城市数字经济发展水平（digital_index）与政府补助（gov_subsidy）的估计系数都显著，表明政府补助是数字经济影响劳动密集型行业创新效率的中介变量；当列（2）和列（3）中的企业税负（tax）与制度性交易成本（cost）作为被解释变量时，城市数字经济发展水平（digital_index）的估计系数不显著，进行 Sobel 检验后发现企业税负存在间接效应，制度性交易成本不存在显著的间接效应。在 Panel B 资本密集型行业中，列（1）和列（3）中的政府补助（gov_subsidy）和制度性交易成本（cost）作为被解释变量时，城市数字经济发展水平（digital_index）的估计系数都显著，且列（4）和列（6）中的城市数字经济发展水平（digital_index）、政府补助（gov_subsidy）和制度性交易成本（cost）的估计系数都显著，表明政府补助与制度性交易成本是中介变量；在列（2）中，企业税负（tax）作为被解释变量时，城市数字经济发展水平（digital_index）估计系数不显著，进行 Sobel 检验后发现企业税负不存在显著的间接效应。在 Panel C 知识密集型行业中，列（1）和列（2）中政府补助（gov_subsidy）和企业税负（tax）作为被解释变量时，城市数字经济发展水平（digital_index）的估计系数都不显著，进行 Sobel 检验后发现政府补助存在显著间接效应，而企业税负不存在显著间接效应；列（3）和列（6）中，城市数字经济发展水平（digital_index）与制度性交易成本（cost）的估计系数都显著，表明制度性交易成本是中介变量。

第六章 数字经济影响制造业创新效率的作用机制分析

表6.6　　作用机制检验行业异质性回归结果

变量	(1) gov_subsidy	(2) tax	(3) cost	(4) efficiency	(5) efficiency	(6) efficiency
Panel A 劳动密集型行业						
digital_index	0.371*** (3.65)	0.003 (0.11)	0.034 (1.21)	0.032*** (3.51)	0.031*** (3.38)	0.026*** (2.91)
gov_subsidy				0.003*** (5.74)		
tax					−0.012*** (−3.06)	
cost						−0.134*** (−12.00)
控制变量	Yes	Yes	Yes	Yes	Yes	Yes
个体效应	Yes	Yes	Yes	Yes	Yes	Yes
时间效应	Yes	Yes	Yes	Yes	Yes	Yes
行业效应	Yes	Yes	Yes	Yes	Yes	Yes
N	5892	5892	5892	5892	5892	5892
R^2	0.450	0.064	0.250	0.390	0.387	0.401
F	133.174	11.121	54.210	101.021	99.980	105.906
Panel B 资本密集型行业						
digital_index	0.807*** (2.58)	−0.016* (−1.79)	−0.055*** (−4.85)	0.034** (3.06)	−0.036*** (−3.18)	−0.041*** (−3.64)
gov_subsidy				0.002*** (2.68)		
tax					0.002 (0.48)	
cost						−0.093*** (−5.59)
控制变量	Yes	Yes	Yes	Yes	Yes	Yes

续表

变量	(1) gov_subsidy	(2) tax	(3) cost	(4) efficiency	(5) efficiency	(6) efficiency
\multicolumn{7}{c}{Panel B 资本密集型行业}					
个体效应	Yes	Yes	Yes	Yes	Yes	Yes
时间效应	Yes	Yes	Yes	Yes	Yes	Yes
行业效应	Yes	Yes	Yes	Yes	Yes	Yes
N	3539	3539	3539	3539	3539	3539
R^2	0.385	0.081	0.276	0.496	0.495	0.499
F	75.850	10.708	46.091	114.895	114.435	116.477
\multicolumn{7}{c}{Panel C 知识密集型行业}					
digital_index	-0.222 (-1.30)	-0.029 (-1.22)	-0.008*** (-2.83)	0.014* (1.68)	0.012 (1.43)	0.012* (1.86)
gov_subsidy				0.006*** (9.30)		
tax					-0.002 (-0.44)	
cost						-0.079*** (-7.87)
控制变量	Yes	Yes	Yes	Yes	Yes	Yes
个体效应	Yes	Yes	Yes	Yes	Yes	Yes
时间效应	Yes	Yes	Yes	Yes	Yes	Yes
行业效应	Yes	Yes	Yes	Yes	Yes	Yes
N	7111	7111	7111	7111	7111	7111
R^2	0.491	0.034	0.298	0.436	0.429	0.434
F	243.887	8.994	107.584	188.960	183.743	187.472

注：***、**、* 分别表示在1%、5%与10%的水平上显著，括号里为 t 值。

资料来源：笔者自制。

第六章　数字经济影响制造业创新效率的作用机制分析

综上，就劳动密集型行业而言，数字经济可以通过获得政府补助及降低企业税负影响企业创新效率；就资本密集型企业而言，数字经济通过获得政府补助及降低制度性交易成本影响企业创新效率；而在知识密集型行业，数字经济也是通过政府补助及降低制度性交易成本影响企业创新效率的。

第三节　宏观层面作用机制分析

本节从宏观城市层面出发，分析数字经济影响企业整体创新效率的作用机制，同时从创新质量效率与创新数量效率两个方面探讨宏观层面的作用机制。在此基础上，实证检验数字经济通过人力资本、创新环境与产业集聚影响企业创新效率的作用机制，并探讨这三种作用机制在地区、企业规模与行业异质性中是否存在差异。

一　作用机制检验回归分析

（一）整体创新效率作用机制检验

表 6.7 报告了城市层面整体创新效率作用机制检验的回归结果。其中，列（1）至列（3）分别为人力资本、创新环境与产业集聚作为被解释变量的回归结果，即式（6.2）的回归结果；列（4）至列（6）为整体创新效率作为被解释变量时引入城市数字经济发展水平与城市层面作用机制变量的回归结果，即式（6.3）的回归结果。在列（1）至列（3）的估计结果中，人力资本、创新环境与产业集聚分别作为被解释变量时，对应的城市数字经济发

展水平（digital_index）估计系数都至少在5%水平上显著为正，数字经济发展可以提升城市人力资本水平、城市创新环境水平、相关产业集聚程度。在列（4）回归结果中，进一步加入城市数字经济发展水平（digital_index）衡量指标后，城市数字经济发展水平（digital_index）与人力资本（human）的估计系数都至少在5%的水平上显著为正，表明人力资本是数字经济影响企业整体创新效率的中介变量。在列（5）与列（6）回归结果中，加入城市数字经济发展水平（digital_index）变量后，创新环境（environment）与产业集聚（aggl）回归系数也都显著为正，表明城市创新环境与产业集聚是数字经济影响企业整体创新效率的中介变量。由以上分析结果可知，数字经济可以通过提高城市人力资本水平、创新环境水平与产业集聚程度影响企业整体创新效率，由此本书第三章的理论得到进一步验证。

表6.7　　　　　　　整体创新效率作用机制检验结果

变量	(1) human	(2) environment	(3) aggl	(4) efficiency	(5) efficiency	(6) efficiency
digital_index	0.066*** (24.62)	0.090*** (6.62)	0.487*** (6.90)	0.008*** (3.50)	0.010*** (2.87)	0.009*** (3.58)
human				0.009** (2.09)		
environment					0.014*** (4.56)	
aggl						0.001** (2.02)
industry	-0.008*** (-13.31)	-0.098*** (-32.22)	-0.208*** (-13.28)	-0.003*** (-2.66)	-0.002 (-1.43)	-0.003** (-2.50)

第六章 数字经济影响制造业创新效率的作用机制分析

续表

变量	(1) human	(2) environment	(3) aggl	(4) efficiency	(5) efficiency	(6) efficiency
advan	0.210*** (55.99)	0.816*** (42.39)	2.149*** (21.59)	0.012 (1.43)	-0.002 (-0.19)	0.009 (1.12)
ration	0.021*** (11.01)	-0.127*** (-13.24)	-0.617*** (-12.44)	-0.013*** (-3.47)	-0.012*** (-3.05)	-0.013*** (-3.42)
open	-0.381*** (-22.30)	-0.097 (-1.10)	4.449*** (9.82)	-0.007 (-0.21)	-0.002 (-0.07)	-0.006 (-0.18)
per_gdp	0.009*** (13.43)	0.127*** (36.66)	0.252*** (14.11)	-0.002 (-1.52)	-0.004*** (-2.78)	-0.002* (-1.69)
science	-0.997*** (-15.28)	-1.354*** (-4.05)	-1.249 (-0.72)	-0.162 (-1.20)	-0.134 (-1.00)	-0.152 (-1.14)
size	0 (1.24)	0 (-0.12)	-0.008 (-1.30)	0.035*** (70.06)	0.035*** (70.10)	0.035*** (70.06)
lev	0.010*** (8.25)	-0.023*** (-3.67)	-0.061* (-1.85)	0.003 (1.21)	0.003 (1.30)	0.003 (1.19)
roa	0.002 (0.57)	0.023 (1.31)	0.074 (0.80)	0.093*** (13.07)	0.093*** (13.02)	0.093*** (13.06)
finan	0.004* (1.74)	0.001 (0.08)	0.028 (0.44)	0.102*** (20.70)	0.102*** (20.71)	0.102*** (20.70)
tfp	-0.001** (-2.28)	0.002 (1.58)	-0.002 (-0.27)	0.001* (1.77)	0.001* (1.73)	0.001* (1.78)
cash	0.014*** (7.90)	-0.017* (-1.94)	-0.210*** (-4.57)	0.028*** (7.99)	0.029*** (8.04)	0.028*** (8.00)
labor	-0.001** (-2.24)	0 (0.19)	0.009 (1.05)	-0.005*** (-8.03)	-0.005*** (-8.03)	-0.005*** (-8.03)
soe	-0.007*** (-14.50)	0.004* (1.78)	0.005 (0.44)	-0.002** (-2.40)	-0.002** (-2.39)	-0.002** (-2.33)

续表

变量	(1) human	(2) environment	(3) aggl	(4) efficiency	(5) efficiency	(6) efficiency
_cons	-0.528*** (-49.62)	-2.312*** (-42.63)	-10.467*** (-37.32)	-0.517*** (-22.25)	-0.478*** (-20.96)	-0.504*** (-22.32)
个体效应	Yes	Yes	Yes	Yes	Yes	Yes
时间效应	Yes	Yes	Yes	Yes	Yes	Yes
行业效应	Yes	Yes	Yes	Yes	Yes	Yes
N	16542	16542	16542	16542	16542	16542
R^2	0.358	0.567	0.613	0.422	0.423	0.422
F	176.969	414.404	501.348	227.050	227.688	227.070

注：***、**、* 分别表示在1%、5%与10%的水平上显著，括号里为 t 值。

资料来源：笔者自制。

（二）创新质量效率作用机制检验

制造业创新质量效率作用机制检验结果如表6.8所示。其中，列（1）为同时加入人力资本（human）与城市数字经济发展水平（digital_index）的回归结果，列（2）为同时加入创新环境（environment）与城市数字经济发展水平（digital_index）的回归结果，列（3）为同时加入产业集聚（aggl）与城市数字经济发展水平（digital_index）的回归结果。在前文中，数字经济显著正向影响人力资本、创新环境与产业集聚。结合表6.8估计结果可知，列（1）和列（2）中，人力资本（human）与创新环境（environment）的估计系数都至少在5%的水平上显著为正，表明人力资本与创新环境是数字经济影响创新质量效率的中介变量。列（3）中，产业集聚（aggl）估计系数不显著，进行自抽样的Sobel检验后得到间接效应的 p 值为0.122，表明产业集聚不是数字经济影响企业创新质量效率的中介变量。综上,数字经济可以通过提升城市人力资本与创新环境水平影响企业创新质量效率,而产业集聚影响效应不明显。可能的原因在于,发明专利具有相对保密性,虽然数字经济可以提升企业创新质量效率,但带来的产业集聚效应不能打破这种壁垒。

表6.8 创新质量效率作用机制检验结果

变量	(1) $efficiency1$	(2) $efficiency1$	(3) $efficiency1$
$digital\_index$	0.012*** (3.95)	0.013*** (2.63)	0.012** (2.30)
$human$	0.007** (2.50)		
$environment$		0.015*** (5.03)	
$aggl$			0.001 (1.46)
控制变量	Yes	Yes	Yes
个体效应	Yes	Yes	Yes
时间效应	Yes	Yes	Yes
行业效应	Yes	Yes	Yes
N	16542	16542	14366
R^2	0.314	0.315	0.314
F	144.935	145.639	144.972

注:***、**分别表示在1%、5%的水平上显著,括号里为t值。

资料来源:笔者自制。

(三) 创新数量效率作用机制检验

创新数量效率宏观城市层面作用机制检验回归结果如表 6.9 所示。其中,列(1)至列(3)为实用型专利为产出指标测算得到的制造业创新数量效率作为被解释变量的估计结果,列(4)至列(6)为外观设计型专利为产出指标测算得到的制造业创新数量效率作为被解释变量的估计结果。由估计结果可知,作用机制变量人力资本($human$)、创新环境($environment$)与产业集聚($aggl$)的估计系数都至少在 5% 的水平上显著为正,说明数字经济通过人力资本、创新环境与产业集聚影响企业所在城市的创新数量效率。进一步进行自助法的 Sobel 检验得到间接效应的 p 值都小于 0.1,表明中介效应存在。这一结果验证了数字经济通过人力资本、创新环境与产业集聚影响企业创新数量效率这一结论。

表 6.9 创新数量效率作用机制检验结果

变量	(1)	(2)	(3)	(4)	(5)	(6)
	实用型专利授权			外观设计型专利授权		
$digital\_index$	0.015*** (3.53)	0.017*** (2.95)	0.015*** (2.59)	0.018*** (2.90)	0.020*** (3.26)	0.017*** (2.87)
$human$	0.006** (2.37)			0.002* (1.79)		
$environment$		0.019*** (5.79)			0.022*** (6.26)	
$aggl$			0.001*** (3.15)			0.001** (2.29)
控制变量	Yes	Yes	Yes	Yes	Yes	Yes
个体效应	Yes	Yes	Yes	Yes	Yes	Yes
时间效应	Yes	Yes	Yes	Yes	Yes	Yes

续表

变量	（1）	（2）	（3）	（4）	（5）	（6）
	实用型专利授权			外观设计型专利授权		
行业效应	Yes	Yes	Yes	Yes	Yes	Yes
N	16542	16542	16542	16542	16542	16542
R^2	0.308	0.309	0.308	0.259	0.260	0.259
F	141.163	142.090	141.195	110.681	111.697	110.724

注：***、**、*分别表示在1%、5%与10%水平上显著，括号里为t值。

资料来源：笔者自制。

二 异质性分析

（一）地区异质性

表6.10报告了作用机制检验的地区异质性回归结果。在Panel A中，列（1）至列（3）的估计结果以人力资本（$human$）、创新环境（$environment$）与产业集聚（$aggl$）为被解释变量，城市数字经济发展水平（$digital\_index$）的估计系数都在1%水平上显著为正，表明数字经济显著正向影响人力资本、创新环境与产业集聚。同时，列（4）中城市数字经济发展水平（$digital\_index$）与人力资本（$human$）的估计系数都显著为正，表明人力资本是数字经济影响企业创新效率的中介变量。由于列（5）中创新环境（$environment$）与列（6）中产业集聚（$aggl$）的估计系数都不显著，进一步进行Sobel检验后，发现创新环境与产业集聚都不存在显著的间接效应，表明创新环境与产业集聚并非数字经济影响西部地区制造业创新效率的中介变量。

表6.10　　作用机制检验地区异质性回归结果

变量	(1) human	(2) environment	(3) aggl	(4) efficiency	(5) efficiency	(6) efficiency
	Panel A 西部地区						
digital_index	0.076*** (11.74)	0.897*** (18.85)	2.062*** (10.49)	0.022** (2.32)	0.031* (1.77)	0.033 (0.96)
human				0.076* (1.78)		
environment					-0.004 (-0.52)	
aggl						-0.002 (-1.45)
控制变量	Yes	Yes	Yes	Yes	Yes	Yes
个体效应	Yes	Yes	Yes	Yes	Yes	Yes
时间效应	Yes	Yes	Yes	Yes	Yes	Yes
行业效应	Yes	Yes	Yes	Yes	Yes	Yes
N	2542	2542	2542	2542	2542	2542
R^2	0.732	0.719	0.708	0.410	0.410	0.410
F	138.968	130.255	123.084	34.644	34.579	34.641
	Panel B 中部地区						
digital_index	0.303*** (29.16)	2.093*** (30.73)	3.779*** (12.40)	0.049* (1.77)	0.086** (2.54)	-0.041 (-1.36)
human				0.062* (1.91)		
environment					0.027*** (3.13)	
aggl						0.003 (1.41)
控制变量	Yes	Yes	Yes	Yes	Yes	Yes

续表

变量	(1) *human*	(2) *environment*	(3) *aggl*	(4) *efficiency*	(5) *efficiency*	(6) *efficiency*
Panel B 中部地区							
个体效应	Yes	Yes	Yes	Yes	Yes	Yes
时间效应	Yes	Yes	Yes	Yes	Yes	Yes
行业效应	Yes	Yes	Yes	Yes	Yes	Yes
N	2536	2536	2536	2536	2536	2536
R^2	0.719	0.687	0.764	0.474	0.476	0.474
F	129.613	111.576	164.393	44.843	45.168	44.871
Panel C 东部地区							
digital_index	0.078*** (24.85)	−0.140 (−0.48)	0.419 (0.71)	0.021*** (2.98)	0.024*** (3.41)	0.022*** (3.18)
human				0.018 (1.07)		
environment					0.009 (1.61)	
aggl						0.001* (1.65)
控制变量	Yes	Yes	Yes	Yes	Yes	Yes
个体效应	Yes	Yes	Yes	Yes	Yes	Yes
时间效应	Yes	Yes	Yes	Yes	Yes	Yes
行业效应	Yes	Yes	Yes	Yes	Yes	Yes
N	11464	11464	11464	11464	11464	11464
R^2	0.374	0.556	0.558	0.434	0.434	0.434
F	133.863	280.742	282.430	168.016	168.078	168.082

注：***、**、* 分别表示在1%、5%与10%水平上显著，括号里为 t 值。

资料来源：笔者自制。

就中部地区而言，列（1）至列（3）中以人力资本（*human*）、创新环境（*environment*）与产业集聚（*aggl*）作为被解释变量时，城市数字经济发展水平（$digital\_index$）的估计系数都在1%的水平上显著为正，表明数字经济显著正向影响人力资本、创新环境与产业集聚。同时，在列（4）和列（5）中，城市数字经济发展水平（$digital\_index$）、人力资本（$human$）与创新环境（$environment$）的估计系数都显著为正，表明人力资本、创新环境是数字经济影响中部地区企业创新效率的中介变量。列（6）中产业集聚（$aggl$）的估计系数不显著，为此采用Sobel检验，发现产业集聚不存在显著的间接效应，表明产业集聚不是数字经济影响中部地区企业创新效率的中介变量。

就东部地区而言，在Panel C估计结果中，列（1）中人力资本（$human$）作为被解释变量时，城市数字经济发展水平（$digital\_index$）的估计系数显著，但列（4）的估计系数不显著，同时，列（2）与列（3）中城市数字经济发展水平（$digital\_index$）的估计系数都不显著。为此，分别进行自抽样方法的Sobel检验，发现人力资本不存在显著的间接效应，而创新环境与产业集聚存在显著的间接效应。

综上，对于西部地区企业而言，数字经济可以通过提高城市人力资本水平影响企业创新效率；对于中部地区企业而言，数字经济可以通过人力资本与创新环境影响企业创新效率；对东部地区企业而言，数字经济可以通过改善城市创新环境及提高产业集聚水平影响企业创新效率。

（二）企业规模异质性

表6.11报告了城市层面作用机制检验的企业规模异质性回归结果。由估计结果可知，在Panel A中，列（1）中人力资本（$human$）与列（2）中创新环境（$environment$）作为被解释变量

第六章 数字经济影响制造业创新效率的作用机制分析

时，城市数字经济发展水平（$digital\_index$）的估计系数都显著，且列（4）和列（5）中的估计系数仍然显著，表明数字经济的发展可以提高城市人力资本水平，加强创新环境对企业创新效率的影响；列（3）中产业集聚（$aggl$）作为被解释变量，城市数字经济发展水平（$digital\_index$）估计系数不显著，进行 Sobel 检验后，发现产业集聚不存在显著的间接效应，表明产业集聚不是数字经济影响企业创新效率的中介变量。

表 6.11　　作用机制检验企业规模异质性回归结果

变量	(1) $human$	(2) $environment$	(3) $aggl$	(4) $efficiency$	(5) $efficiency$	(6) $efficiency$
Panel A 小规模企业						
$digital\_index$	0.070*** (14.56)	0.128*** (5.83)	0.515 (1.32)	0.007*** (2.71)	0.009** (2.19)	0.009** (2.20)
$human$				0.017* (1.82)		
$environment$					0.005* (1.95)	
$aggl$						0.001*** (2.69)
控制变量	Yes	Yes	Yes	Yes	Yes	Yes
个体效应	Yes	Yes	Yes	Yes	Yes	Yes
时间效应	Yes	Yes	Yes	Yes	Yes	Yes
行业效应	Yes	Yes	Yes	Yes	Yes	Yes
N	5523	5523	5523	5523	5523	5523
R^2	0.361	0.622	0.605	0.335	0.335	0.336
F	61.748	179.929	167.965	54.084	54.128	54.229

续表

变量	(1) *human*	(2) *environment*	(3) *aggl*	(4) *efficiency*	(5) *efficiency*	(6) *efficiency*
	Panel B 中规模企业
digital_index	0.063*** (13.90)	0.087 (0.71)	0.381 (1.18)	0.004** (2.45)	0.002** (1.99)	0.003** (2.43)
human				0.010** (2.16)		
environment					0.013*** (3.37)	
aggl						−0.001 (−0.95)
控制变量	Yes	Yes	Yes	Yes	Yes	Yes
个体效应	Yes	Yes	Yes	Yes	Yes	Yes
时间效应	Yes	Yes	Yes	Yes	Yes	Yes
行业效应	Yes	Yes	Yes	Yes	Yes	Yes
N	5536	5536	5536	5536	5536	5536
R^2	0.383	0.597	0.620	0.187	0.189	0.187
F	65.457	156.431	172.163	23.783	24.040	23.797
	Panel C 大规模企业
digital_index	0.067*** (14.95)	0.082* (1.75)	0.546 (1.26)	0.011** (2.35)	0.015** (2.38)	0.012** (2.29)
human				0.027 (0.64)		
environment					0.029*** (4.07)	
aggl						0.001* (1.94)
控制变量	Yes	Yes	Yes	Yes	Yes	Yes
个体效应	Yes	Yes	Yes	Yes	Yes	Yes

第六章 数字经济影响制造业创新效率的作用机制分析

续表

变量	（1） human	（2） environment	（3） aggl	（4） efficiency	（5） efficiency	（6） efficiency
Panel C 大规模企业					
时间效应	Yes	Yes	Yes	Yes	Yes	Yes
行业效应	Yes	Yes	Yes	Yes	Yes	Yes
N	5483	5483	5483	5483	5483	5483
R^2	0.424	0.520	0.638	0.396	0.397	0.396
F	78.253	115.570	187.831	68.350	68.864	68.358

注：***、**、* 分别表示在1%、5%与10%的水平上显著，括号里为 t 值。

资料来源：笔者自制。

在 Panel B 中，列（1）中城市数字经济发展水平（digital_index）的估计系数显著，同时列（4）中城市数字经济发展水平（digital_index）与人力资本（human）的估计系数都显著，表明中规模企业可以通过城市人力资本作用于中规模企业的创新效率；列（2）与列（3）中城市数字经济发展水平（digital_index）的估计系数都不显著，进行 Sobel 检验后，发现创新环境存在显著的间接效应，而产业集聚不存在显著的间接效应，表明创新环境是数字经济影响中规模企业创新效率的中介变量，而产业集聚不是显著的中介变量。

就大规模企业而言，Panel C 中列（1）城市数字经济发展水平（digital_index）的估计系数显著，但列（4）中人力资本（human）的估计系数不再显著，同时列（3）中城市数字经济发展水平（digital_index）的估计系数不显著，为此进行 Sobel 检验验证是否存在间接效应，发现政府补助不存在显著的间接效应，而产业集聚存在显著的间接效应；列（2）中城市数字经济发展水平

(*digital_index*)的估计系数显著,且列(5)中创新环境(*environment*)与城市数字经济发展水平(*digital_index*)的估计系数都显著,表明城市创新环境存在显著的间接效应。

综上,就小规模企业而言,数字经济可以通过提高城市人力资本水平与城市创新环境水平作用于制造业创新效率;就中规模企业而言,数字经济可以通过提升城市人力资本水平与创新环境水平作用于企业创新效率;就大规模企业而言,数字经济的发展可以带来创新环境与产业集聚水平的提升,间接作用于制造业创新效率。

(三) 行业异质性

表6.12报告了作用机制检验的行业异质性回归结果。在Panel A中,列(1)至列(3)中城市数字经济发展水平(*digital_index*)的估计系数都显著,且列(4)至列(6)中人力资本(*human*)、创新环境(*environment*)与产业集聚(*aggl*)的估计系数依然显著,城市数字经济发展水平(*digital_index*)估计系数也显著,表明数字经济可以通过人力资本、创新环境与产业集聚影响劳动密集型行业的创新效率。

在Panel B中,列(1)中城市数字经济发展水平(*digital_index*)的估计系数都不显著,但在列(5)中估计系数显著,列(2)中虽然城市数字经济发展水平(*digital_index*)的估计系数显著,但创新环境(*environment*)的估计系数不显著,为此进行Sobel检验,发现在资本密集型行业中,人力资本不存在显著的间接效应,创新环境存在显著的中介效应;列(3)中城市数字经济发展水平(*digital_index*)的估计系数显著,列(6)中城市数字经济发展水平(*digital_index*)与产业集聚(*aggl*)的估计系数都显著,表明资本密集型行业的企业可以通过城市产业集聚作用于企业创新效率。

在 Panel C 中，列（1）城市数字经济发展水平（$digital\_index$）的估计系数显著，但列（4）中人力资本（$human$）的估计系数不显著，为此进行 Sobel 检验，发现人力资本不存在显著的间接效应；同时列（2）和列（3）中城市数字经济发展水平（$digital\_index$）的估计系数都显著，且列（5）和列（6）中城市数字经济发展水平（$digital\_index$）估计系数仍然显著，同时创新环境（$environment$）与产业集聚（$aggl$）仍然显著，表明数字经济可以通过创新环境与产业集聚影响企业创新效率。

表6.12　　　　　作用机制检验行业异质性回归结果

变量	(1) $human$	(2) $environment$	(3) $aggl$	(4) $efficiency$	(5) $efficiency$	(6) $efficiency$
Panel A 劳动密集型行业						
$digital\_index$	0.083*** (18.31)	0.096*** (3.71)	0.133*** (3.02)	0.025*** (2.69)	0.032*** (3.56)	0.031*** (3.41)
$human$				0.074*** (2.82)		
$environment$					0.012** (2.07)	
$aggl$						0.002** (2.54)
控制变量	Yes	Yes	Yes	Yes	Yes	Yes
个体效应	Yes	Yes	Yes	Yes	Yes	Yes
时间效应	Yes	Yes	Yes	Yes	Yes	Yes
行业效应	Yes	Yes	Yes	Yes	Yes	Yes

续表

变量	(1) *human*	(2) *environment*	(3) *aggl*	(4) *efficiency*	(5) *efficiency*	(6) *efficiency*
Panel A 劳动密集型行业						
N	5892	5892	5892	5892	5892	5892
R^2	0.372	0.616	0.599	0.387	0.387	0.387
F	93.769	253.590	236.422	97.437	97.281	97.375
Panel B 资本密集型行业						
digital_index	-0.045 (-0.73)	0.141*** (3.37)	2.192*** (12.98)	0.036*** (3.13)	0.037*** (3.25)	0.042*** (3.65)
human				0.036 (1.09)		
environment					0.003 (0.75)	
aggl						0.002** (1.99)
控制变量	Yes	Yes	Yes	Yes	Yes	Yes
个体效应	Yes	Yes	Yes	Yes	Yes	Yes
时间效应	Yes	Yes	Yes	Yes	Yes	Yes
行业效应	Yes	Yes	Yes	Yes	Yes	Yes
N	3539	3539	3539	3539	3539	3539
R^2	0.418	0.491	0.700	0.495	0.495	0.496
F	83.869	112.893	273.208	110.943	110.903	111.120
Panel C 知识密集型行业						
digital_index	0.061*** (15.34)	0.036** (1.99)	0.643*** (7.32)	0.013 (1.61)	0.013** (2.54)	0.010** (2.36)
human				0.008 (0.34)		
environment					0.027*** (4.69)	

续表

变量	(1) human	(2) environment	(3) aggl	(4) efficiency	(5) efficiency	(6) efficiency
Panel C 知识密集型行业						
aggl						0.003** (2.41)
控制变量	Yes	Yes	Yes	Yes	Yes	Yes
个体效应	Yes	Yes	Yes	Yes	Yes	Yes
时间效应	Yes	Yes	Yes	Yes	Yes	Yes
行业效应	Yes	Yes	Yes	Yes	Yes	Yes
N	7111	7111	7111	7111	7111	7111
R^2	0.362	0.548	0.429	0.429	0.431	0.430
F	138.423	295.437	183.154	177.598	178.872	177.921

注：***、**分别表示在1%、5%的水平上显著，括号里为 t 值。

资料来源：笔者自制。

综上，对劳动密集型行业而言，数字经济可以通过提升城市人力资本水平、城市创新环境水平及产业集聚程度影响企业创新效率；对资本密集型行业而言，数字经济发展通过提升城市创新环境水平与形成产业集聚效应影响企业创新效率；对知识密集型行业而言，数字经济通过提高城市创新环境水平与形成产业集聚程度影响企业创新效率。

第四节 小结

本章以第三章理论分析为基础，从微观企业与宏观城市两个层面选取数字经济影响制造业创新效率的作用机制变量，并构建中介效应模型探讨数字经济影响制造业创新效率的内在作用机理。

在企业层面，数字经济发展可以通过为企业带来政府补助、减少企业税负与降低制度性交易成本影响企业整体创新效率、创新质量效率与创新数量效率。但存在地区、企业规模与行业异质性具体如下：（1）地区异质性检验结果显示，对于中西部地区的企业，数字经济可以通过降低企业制度性交易成本提升企业创新效率，而政府补助与企业税负的作用机制效应不明显；对于东部地区企业，数字经济的发展可以使企业获得政府补助，降低企业税负与制度性交易成本，间接影响企业创新效率。（2）企业规模异质性检验结果表明，数字经济可以通过增加政府补助、降低制度性交易成本作用于中小规模企业的创新效率，企业税负的作用机制效应不显著；对于大规模企业，数字经济只能通过降低企业税负影响企业创新效率。（3）行业异质性检验结果表明，数字经济可以通过增加政府补助、降低企业税负影响劳动密集型行业企业创新效率；对于资本密集型企业，数字经济发展可以通过给企业带来政府补助与降低制度性交易成本影响企业创新效率；对于知识密集型行业，数字经济通过增加政府补助与降低制度性交易成本影响企业创新效率。

在城市层面，数字经济既可以通过提高城市人力资本水平、创新环境水平与产业集聚程度影响企业整体创新效率与创新数量效率，也可以通过人力资本与创新环境影响企业创新质量效率，而数字经济通过产业集聚影响制造业创新效率的作用机制效应并不显著，且存在地区、企业规模与行业异质性。具体如下：（1）地区异质性结果表明，对于西部地区企业，数字经济可以通过提高城市人力资本水平影响企业创新效率；对于中部地区企业，数字经济发展通过带来人力资本与创新环境影响企业创新效率；对于东部地区企业，数字经济可以通过改善城市创新环境及提高产业集聚影响企业创新效率。(2) 企业规模异质性结果显示，数字经济可以通过城市人力资本水平与城市创新环境水平的提升影响小规模企业的创新效率，产业集聚的作用机制效应不显著；对于中规模企业而言，数字经济发展通过其带来的人力资本与创新环境影响企业创新效率，产业集聚的作用机制效应不显著；而对于大规模企业而言，数字经济通过创新环境与产业集聚作用于企业创新效率，人力资本作用机制效应不显著。(3) 行业异质性结果表明，数字经济可以通过提高城市创新环境水平与形成产业集聚效应影响劳动密集型行业、资本密集型行业与知识密集型行业的企业创新效率，但资本密集型行业与知识密集型行业的人力资本作用机制效应不显著，数字经济发展带来的人力资本可以显著影响劳动密集型行业创新效率。

第七章 拓展分析：门槛效应检验

数字经济对制造业效率的影响因企业所在地区、企业规模和行业划分存在较显著的差异。为进一步探讨在作用机制变量的变化过程中，数字经济对制造业创新效率具有何种非线性影响，本章构建面板门槛模型，深入探讨城市数字经济发展水平与制造业创新效率的非线性关系。首先，构建城市数字经济发展水平影响制造业创新效率的门槛模型；其次，检验企业层面的政府补助、企业税收优惠及降低制度性交易，与城市层面的人力资本、创新环境及产业集聚是否存在门槛效应；最后，根据检验结果，分别从企业和城市两个角度探讨数字经济对制造业创新效率影响的门槛效应，并从理论上分析门槛效应存在的原因。

第一节 门槛效应检验

在企业层面，数字经济发展主要通过为企业带来政府补助、企业税收优惠及降低制度性交易成本提升制造业创新效率。在城市层面，数字经济发展则通过人力资本、创新环境与产业集聚作用于制造业创新效率。但通过异质性分析可知，数字经济对制造业效率的影响因企业所在地区、企业规模和行业划分不同存在较显著的差异。这表明数字经济对制造业创新效率的影响会因作用机制变量的变化而表现出差异。为进一步探讨在作用机制变量的变化过程中，数字经济对制造业创新效率具有何种非线性影响，构建面板门槛模型深层次探讨这种非线性效应。面板门槛模型可以具体分析作用机制变量处于具体的数字范围内时，城市数字经济发展水平对制造业创新效率的影响。通过准确把握数字经济发展经过该路径的具体数值，从而有针对性地提出政策建议。

一 模型设定

在研究非线性模型时，面板门槛模型避免了主观划分因素，具有较准确的非线性关系估计结果。为了说明本书的模型设定，参考 Hansen（1999）、连玉君和程建（2006）的模型设定方法，假设存在单一面板门槛模型，此时将模型设定为

$$efficiency_{i,t} = \mu_i + \alpha_0 control_{i,t} + \alpha_1 digital\_index_{i,t} I(Med_{i,t} \leq \gamma) \\ + \alpha_2 digital\_index_{i,t} I(Med_{i,t} > \gamma) + \varepsilon_{i,t}$$

（7.1）

式中：$efficiency$ 为被解释变量；$digital\_index$ 为城市数字经济发展水平的衡量指标；μ_i 为企业个体效应；$control$ 为一系列控制变量；α_0 为控制变量估计系数列向量；α_1 和 α_2 为数字经济衡量变量的估计系数；$I(\cdot)$ 为指示函数；$\varepsilon_{i,t}$ 为随机干扰项且服从均值为 0，方差为 δ^2 的独立同分布，即 $\varepsilon_{i,t} \sim iid(0, \delta^2)$。为了得到门槛估计参数，将每个观察值减去组内均值，以消除个体效应，即

$$efficiency_{i,t}^* = efficiency_{i,t} - \frac{1}{T}\sum_{i=1}^{T} efficiency_{i,t} \qquad (7.2)$$

根据式 (7.2),将式 (7.1) 改写成如下表达式:

$$efficiency_{i,t}^* = \alpha_0 contro_{i,t}^* + \alpha_1 digital\_index_{i,t}^* I(Med_{i,t} \leq \gamma)$$
$$+ \alpha_2 digital\_index_{i,t}^* I(Med_{i,t} > \gamma) + \varepsilon_{i,t}^* \quad (7.3)$$

将式 (7.3) 改写成矩阵形式:

$$efficiency_{i,t}^* = \boldsymbol{X}^*(\gamma)\alpha + \varepsilon^* \quad (7.4)$$

可以采用 OLS 估计式 (7.4) 中 α 为

$$\hat{\alpha}(\gamma) = [\boldsymbol{X}^*(\gamma)'\boldsymbol{X}^*(\gamma)]\boldsymbol{X}^*(\gamma)'efficiency^* \quad (7.5)$$

此时,可以得到回归后的残差平方和为

$$S_1(\gamma) = \hat{\boldsymbol{e}}^*(\gamma)'\hat{\boldsymbol{e}}^*(\gamma) \quad (7.6)$$

式中: $\hat{\boldsymbol{e}}^*(\gamma) = efficiency^* - \boldsymbol{X}^*(\gamma)\alpha^*(\gamma)$,为残差向量,通过最小化式 (7.6) 中的 $S_1(\gamma)$ 值可以获得 γ 的估计值

$$\hat{\gamma} = \arg\min S_1(\gamma) \quad (7.7)$$

可以得到 $\hat{\alpha} = \alpha\hat{\gamma}$,即残差向量 $\hat{\boldsymbol{e}}^* = \hat{\boldsymbol{e}}^*(\hat{\gamma})$,残差平方和为

$$\hat{\sigma}^2 = \hat{\sigma}^2(\hat{\gamma}) = \frac{1}{n(T-1)} e^{*'}e^* = \frac{1}{n(T-1)} S_1(\hat{\gamma}) \quad (7.8)$$

得到参数的估计值后,需要检验门槛效应是否显著,以及门槛值是否等于真实值。检验门槛效果是否显著时,原假设为 $H_0: \alpha_1 = \alpha_2$,对应的备择假设为 $H_1: \alpha_1 \neq \alpha_2$,检验的统计量为 $F_1 = \frac{S_0 - S_1(\gamma)}{\hat{\sigma}^2} = \frac{S_0 - S_1(\gamma)}{S_1(\hat{\gamma})/n(T-1)}$。其中,$S_0$ 为 H_0 下的残差平方和,在 H_0 下的统计量是非标准的,无法识别 γ。因此,采用 Hansen (1999) 建议的 Bootstrap 方法获得渐近分布,从而得到相应的 P 值。在检验门槛值是否等于真实值时,原假设为 $H_0: \hat{\gamma} = \gamma_0$($\gamma$ 的真实值),似然比统计量为 $LR_1(\gamma) \frac{S_1(\gamma) - S_1(\hat{\gamma})}{\hat{\sigma}^2}$。如果 $LR_1(\gamma_0)$ 的值足够大,则拒绝原假设,即当 $LR_1(\gamma_0) > c$

(α)时，拒绝原假设，其中 $c(\alpha) = -2\ln(1-\sqrt{1-\alpha})$，$\alpha$ 为显著性水平。

若存在双重门槛或多重门槛时，以双重门槛为例，可以在式（7.1）的基础上将面板门槛模型扩展为

$$efficiency_{i,t} = \mu_i + \alpha_0 control_{i,t} + \alpha_1 digital\_index_{i,t} I(Med_{i,t} \leq \gamma_1)$$
$$+ \alpha_2 digital\_index_{i,t} I(\gamma_1 < Med_{i,t} \leq \gamma_2)$$
$$+ \alpha_3 digital\_index_{i,t} I(Med_{i,t} > \gamma_2) + \varepsilon_{i,t} \quad (7.9)$$

在式（7.9）中，假设单一门槛模型中估计出的 $\hat{\gamma}_1$ 是已知的，然后可以通过固定单一门槛的门槛值，继而搜索第二个门槛值 γ_2，对于 γ_1 和 γ_2，$\hat{\gamma}_1$ 都是 γ_1 固定单一门槛值得到的一致估计量。估计式（7.9）就可以得到第二步筛选的标准为

$$S_2^r(\gamma_2) = \begin{cases} S(\hat{\gamma}_1, \gamma_2) & \text{if } \hat{\gamma}_1 < \gamma_2 \\ S(\gamma_2, \hat{\gamma}_1) & \text{if } \gamma_2 < \hat{\gamma}_1 \end{cases} \quad (7.10)$$

进而得到第二步门槛值为

$$\hat{\gamma}_2^r = \underset{\gamma_2}{\arg\min} S_2^r(\gamma_2) \quad (7.11)$$

此时 $\hat{\gamma}_2^r$ 是渐进有效的，而 $\hat{\gamma}_1^r$ 不具有此特性，可以固定第二重门槛值 $\hat{\gamma}_2^r$ 并重新搜索一重门槛值 $\hat{\gamma}_1$，从而得到一致估计量 $\hat{\gamma}_1^r$（Hansen，1999）。对双重门槛或多重门槛模型的假设检验与前面阐述的单一门槛的假设检验一致。

二　门槛检验结果

以政府补助、企业税负、制度性交易成本、人力资本、创新环境和产业集聚为门槛变量进行门槛抽样检验，依次检验了不存在门槛、单一门槛、双重门槛和三重门槛得到的 F 统计量和自抽样500次得到的 P 值。抽样的结果显示，企业层面上政

府补助与企业税负作为门槛变量时,以及城市层面中的产业集聚($aggl$)作为门槛变量时,双重门槛模型都至少在10%的水平上显著,三重门槛不显著,表明存在双重门槛,其余变量不存在门槛。双重门槛检验结果如表7.1所示。图7.1显示了单一门槛估计值、双重门槛估计值及置信区间,其中门槛参数的估计值是指似然比检验统计量 LR 值为0时 γ 的取值。

表7.1　　　　　　　　门槛抽样检验结果

模型	RSS	MSE	F值	P值	10%临界值	5%临界值	1%临界值
政府补助($gov\_subsidy$)为门槛变量							
单一门槛	33.1528	0.0024	634.30	0***	26.416	35.296	43.377
双重门槛	32.6499	0.0023	216.28	0***	22.312	29.555	38.605
三重门槛	32.3492	0.0023	130.53	0.623	215.750	234.917	275.231
企业税负(tax)为门槛变量							
单一门槛	34.2189	0.0024	78.42	0***	10.125	11.888	16.666
双重门槛	34.1923	0.0024	10.88	0.073*	9.227	13.117	17.742
三重门槛	34.1744	0.0024	7.36	0.557	17.138	20.968	29.195
产业集聚($aggl$)为门槛变量							
单一门槛	34.5851	0.0025	26.50	0***	10.874	12.520	16.593
双重门槛	34.5310	0.0025	21.98	0.003***	11.611	13.341	17.058
三重门槛	34.5068	0.0025	9.86	0.527	34.914	42.829	55.184

注:***、*分别表示在1%、10%的水平上显著。

资料来源:笔者自制。

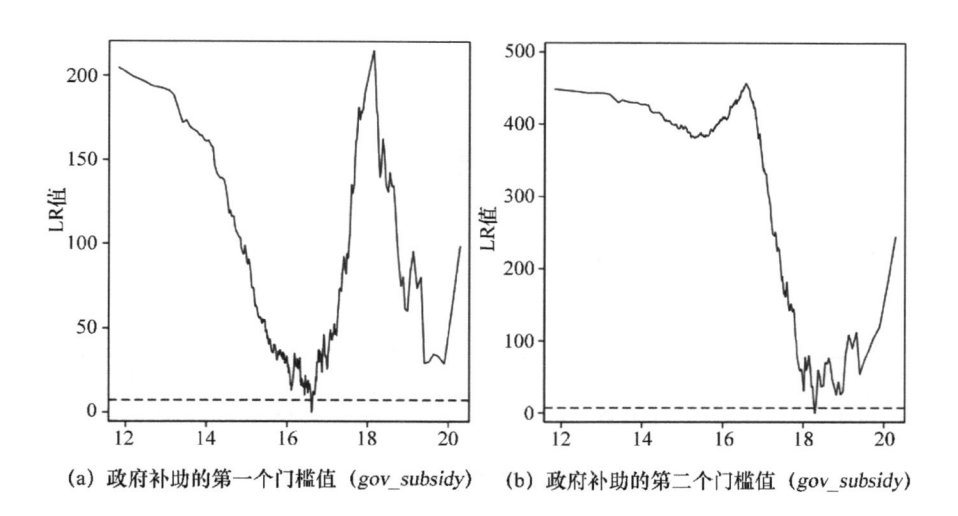

(a) 政府补助的第一个门槛值（gov_subsidy）

(b) 政府补助的第二个门槛值（gov_subsidy）

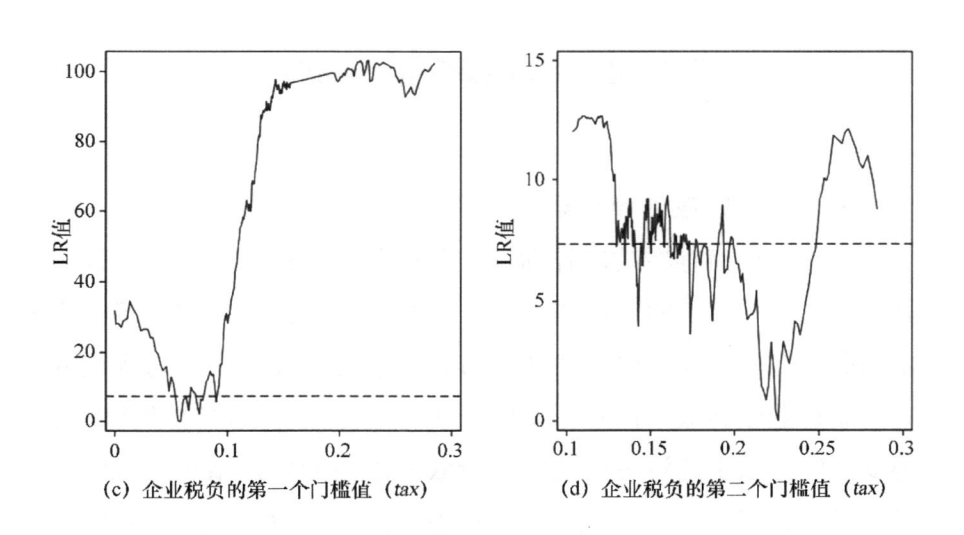

(c) 企业税负的第一个门槛值（tax）

(d) 企业税负的第二个门槛值（tax）

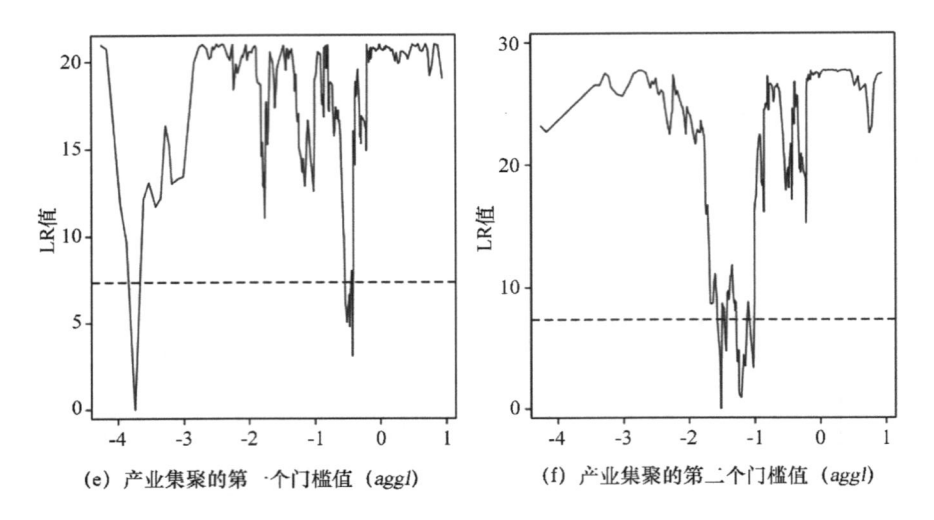

(e) 产业集聚的第一个门槛值 (*aggl*)　　　(f) 产业集聚的第二个门槛值 (*aggl*)

图 7.1　门槛变量的门槛值与置信区间

资料来源：笔者自制。

第二节　微观层面门槛效应

一　门槛效应估计结果

在企业层面存在政府补助、企业税负的门槛效应，得到政府补助、企业税负的两个门槛值后，以两个门槛值为界定，将全样本划分为三个区间，以此估计城市数字经济发展水平随门槛值变化对制造业创新效率的不同影响。表 7.2 报告了政府补助作为门槛变量时，数字经济对制造业创新效率影响的估计结果。由估计结果可知，当政府补助低于 16.6139 时，*digital*1 的估计系数在 10% 的水平上显著为正，当政府补助大于 16.6139 且小于 18.2936 时或者政府补助大于 18.2936 时，数字经济（*digital*2、*digital*3）的估计系数都在 1% 的水平上显著为正，表明数字经济对制造业创新效率的影响会随着制造业企业得到政府补助的增加而加强。同时，城市数字经济发展水平衡量指标的估计系数逐渐增大，表明增加政府补助有利于数字经济提升制造业创新效率。这一结果和前文的理论分析较吻合，数字经济的发展红利会使制造业企业得到政府补助，政府补助包括对企业技术、人才方面的补助，企业在得到这部分补助后，会更多地将资金用于企业技术改造及研发投入，这有利于企业的创新产出。

表7.2　　　　　　　　政府补助门槛效应回归结果

变量	（1）估计系数	（2）t值
$digital$1	0.006*	1.69
$digital$2	0.014***	3.98
$digital$3	0.120***	11.60
控制变量	Yes	
个体效应	Yes	
时间效应	Yes	
行业效应	Yes	
N	16542	
R^2	0.431	
F	230.935	

注：***、*分别表示在1%、10%的水平上显著。当$gov\_subsidy$为门槛变量时，存在三个区间：$digital$1为第一区间，$gov_subsidy \leqslant 16.6139$；$digital$2为第二区间，$16.6139 < gov\_subsidy \leqslant 18.2936$；$digital$3为第三区间，$gov_subsidy > 18.2936$。

资料来源：笔者自制。

表7.3报告了企业税负作为门槛变量时，城市数字经济发展水平对制造业创新效率的估计结果。由估计结果可知，当企业税

负低于 0.0585 时，$digital1$ 的估计系数在 5% 的水平上显著为正，企业税负在 0.0585 至 0.2260 时，$digital2$ 的估计系数在 1% 的水平上显著为正，当企业税负大于 0.2260 时，$digital3$ 的估计系数为负但不显著。这一结果表明企业税负低于 0.2260 时，数字经济对制造业企业创新效率的提升效果更显著，当企业税负超过 0.2260 后，数字经济会阻碍制造业创新效率的提升。主要的原因在于随着数字经济发展，企业数字化转型会得到更多的税收优惠，可以有更多的资金用于组织创新、人才招聘、研发投入等，有利于提高企业创新效率。

表 7.3　　　　　　　　企业税负门槛效应回归结果

变量	（1）	（2）
	估计系数	t 值
$digital1$	0.005**	2.03
$digital2$	0.014***	3.51
$digital3$	-0.009	-1.36
控制变量	Yes	
个体效应	Yes	
时间效应	Yes	
行业效应	Yes	
N	16542	
R^2	0.423	
F	223.413	

注：***、**分别表示在 1%、5% 的水平上显著。当 tax 为门槛变量时，存在三个区间；$digital1$ 为第一区间，$tax \leqslant 0.0585$；$digital2$ 为第二区间，$0.0585 < tax \leqslant 0.2260$；$digital3$ 为第三区间，$tax > 0.2260$。

资料来源：笔者自制。

二 门槛效应结果分析

上述门槛效应估计结果表明,企业层面的政府补助与企业税负存在门槛效应,以下对这一结果进行具体的理论分析。

(一) 政府补助的门槛效应

通过理论分析揭示了数字经济通过政府补助间接影响制造业创新效率,但政府补助可能具有一定的行政干预力(伍红、郑家兴,2021),导致数字经济对制造业创新效率的影响会因政府补助而呈现非线性关系。数字经济通过政府补助对制造业创新效率的影响存在非线性关系的原因在于以下三个方面。

第一,地方政府为了抓住数字经济发展带来的红利,会对进行数字经济活动的企业进行补助,因此导致政府补助具有一定的政府干预力(伍红、郑家兴,2021)。这种政府干预力于市场不完善的情形下,制造业企业在获得一定政府补助后,可能将这部分补助用于营利性目标,而非用于企业创新的研发投入,政府补助的社会性目标削弱了企业创新动力。政府补助不断加大,更多补助带有技术创新性质后,企业的创新环境才会不断得到优化,企业也将有更多的资金投入创新生产要素,从而有利于企业创新产出。因此,可知政府补助对制造业创新效率存在门槛效应,当政府补助达到一定程度后,数字经济对创新效率的影响才会发挥作用。

第二,数字经济发展给企业带来的政府补助为企业创新指明了方向,加快了企业的创新速度。但在部分情况下,数字经济带来的政府补助也可能引发政策失灵的情形(施建军、栗晓云,2021),从而呈现数字经济因政府补助对制造业创新效率影响的非线性关系。具体而言，政府补助会在短时间内挤占企业用于研发的资金与资源（Boeing，2016），获得政府补助的企业可能会以研发支出的形式进行创新活动，而未形成长久有效的创新动力（Bronzini and Iachini，2014）。此外，毛其淋和许家云（2015）认为，支出政府补助与企业创新绩效之间存在非线性关系，政府补助在一定程度上可以促进企业创新，但政府补助过多会起到反向作用；而 Huang 等（2016）认为政府补助较低时，可能起不到促进作用，政府补助达到一定程度后才能起到促进作用；李园园等（2018）采用重污染企业进行分析也得到类似的正"U"形关系。同时，企业规模、所属行业及地区可能都会导致政府补助的差异性（Bronzini and Piselli，2016；Choi and Lee，2017；姚东旻、朱泳奕，2019），从而导致数字经济对制造业创新效率的影响呈现差异性，其非线性关系也存在异质性。

第三，当企业获得的政府研发补助超过一定规模后，金融化的挤占效应大于"蓄水池效应"，对企业创新产出的消极作用会增加（吴伟伟、张天一，2021）。当企业具有足够多的政府研发补助时，更可能面临更高水平的研发风险（Chen et al.，2018），需要更多的研发资源支持企业的创新，此时的金融化水平更容易挤占企业本身不足的研发创新资源（吴伟伟、张天一，2021），从而对创新资源产生不利影响。因此，数字经济对制造业创新效率的影响会因政府补助规模产生的金融化挤占效应而呈非线性关系。

从区域来说，中西部地区由于资源较少，经济、财政支出等，相对于东部地区具有明显劣势，政府对当地企业的支持相对较少。一旦中西部地区企业在数字经济发展的带动下，得到政府研发补助，可以迅速用于企业研发创新，从而促进制造业创新效率提升，而对于东部地区制造业企业，其数字经济水平高，对制造业创新效率本身就具有显著促进作用，数字经济带来的政府补助更能起到锦上添花的作用，从而不同于对中西部地区制造业企业的"雪中送炭"。

从企业规模来看，小规模企业缺乏研发资金，少量的政府补助并不能完全解决这一问题，从而导致当政府补助较少时，数字经济并不能显著影响制造业创新效率，当政府补助较多时，小规模企业为了不被市场淘汰，也会加大创新投入力度，借助数字经济的优势进行产品、组织架构的创新，从而促进创新效率的提升。而大规模企业本身具有较多的资金与技术研发人员，企业数字化程度较高，即使数字经济并没有给企业带来较多的政府补助，处于政府补助较少的状态，企业依靠本身较高的数字经济发展水平，依然能显著提升创新效率，当政府补助进一步提高后，数字经济对制造业创新效率起锦上添花的作用。

在不同行业，数字经济对制造业创新效率的影响会因政府补助的不同而产生差异。农副食品、食品制造、纺织业等劳动密集型企业在数字化转型影响下，都可以显著提升企业创新效率，政府补助的中间作用机制弱化，无论政府补助多少，数字经济都可以显著提升企业创新效率。饮料、烟草、造纸、石油加工等资本密集型企业本身需要大量资金，政府补助少，数字化转型慢，不利于企业创新产出，但政府补助较多时，可以有更多的资金用于数字化转型，利于创新产出。专用设备、计算机等知识密集型企业本身数字化程度较高，当政府补助较少时，并不能掩盖数字经济的作用效应；当政府补助较多时，可以产生"叠加"作用，更加强数字经济对企业创新效率的影响。

综上，数字经济对制造业创新效率的影响会因政府补助的程度不同而表现出非线性关系。

（二）企业税负的门槛效应

企业得到税收优惠、税负下降会直接降低企业的生产经营成本，企业利润提高，会有更多的现金流用于企业创新投入。而创新投入的规模报酬遵循递增的特点，边际产出会随着创新投入的递增而增加，从而提升企业创新效率（伍红、郑家兴，2021）。但由于企业的创新活动周期长，特别是企业发明专利这类质量创新，企业面临更多的不确定性及正外部性（伍红、郑家兴，2021），导致企业面临更多的风险，只有企业的税收优惠达到一定程度，即企业税负较低时，才能抵消市场的不确定性及市场失灵带来的风险，从而使企业加大研发创新投入并提高创新产出。同时，发明专利的研发具有较高的技术风险，加上高昂的税款更容易给企业造成额外的创新压力（刘兰剑等，2021），从而挫败企业的创新信心。因此，将税收优惠增加到一定程度，降低企业税负，间接降低研发风险（李维安等，2016），才能有效保证企业的创新活动。这可以有效缓解企业融资约束压力，企业也将有更多的现金流用于创新投入，从而利于企业创新产出。

企业税收优惠主要作用于高端技术制造业企业，从区域来看，中西部地区这类企业较少，导致其得到的企业税收优惠作用于数字经济对制造业效率的提升效应并不能完全显现。中西部地区企业创新效率本身较低，得到税收优惠后，不能立即产生效果，东部地区的企业所在城市数字经济发展水平本身就高，较低的企业税负能促进企业创新产出，同时较高的企业税负会"中和"数字经济对制造业创新效率的作用效应，从而表现出数字经济效应减弱的结果。

按总资产划分企业规模时，科技创新型、高新技术企业大多属于中小规模企业，国家企业税收优惠主要针对高新技术企业、电子信息等高端制造业企业，这部分企业得到税收优惠后，可以将其用于企业数字化转型，进而有利于创新活动；而大规模企业主要为传统制造企业，其税收优惠较少，企业税负相对较高，数字化程度较低，税收优惠并不会完全被用于企业创新，进而导致企业对创新效率并不敏感。同时，中小规模企业为了不被市场淘汰，一旦得到税收优惠，会立即进行产品创新，从而产生立竿见影的效果；大规模企业由于资金充足，研发人员较多，即使企业税负较低时，其数字经济对创新效率的影响并不会产生"即时效应"，当然较高的企业税负也会削弱数字经济对其创新效率的作用效应。

在城市数字经济发展水平一定的情形下，劳动密集型行业的企业平均得到的企业税收优惠较少，一旦企业有税收优惠，企业税负降低，就可以有更多的资金用于企业数字化转型和研发投入，此时的数字经济可以显著提升企业创新效率；企业税负升高后，可用于创新活动的资金有限，导致数字经济不再显著影响企业创新效率。资本密集型行业的企业多属于资本投资企业，对于资本而言，一旦企业税收优惠较少，企业税负较高时，资本方获利较少，不再受到资本青睐，因此当企业税负较少时，资本方也更愿意投资，企业也有多余的资金用于数字化转型，从而有利于企业创新。而知识密集型行业的企业大多数是高新技术和高端制造企业，其数字经济水平较高，但这种企业通常需要大量研发资金，只有企业得到更多的税收优惠，税负较低时，才能更进一步地开展企业创新。

因此，企业税收优惠对创新效率的促进作用存在一定门槛效应（朱永明等，2019），通过税收优惠降低企业税负有利于提升企业的创新效率（伍红、郑家兴，2021）。综上，数字经济对制造业创新效率的影响会因税收优惠而呈现非线性的门槛效应。

第三节　宏观层面门槛效应

一　门槛效应估计结果

通过双重门槛检验可知，产业集聚在城市层面存在门槛效应。通过自抽样方法得到产业集聚的两个门槛值后，以两个门槛值为界定，将全样本划分为三个区间，并估计数字经济随门槛值的变化对制造业创新效率的影响。表 7.4 报告了产业集聚作为门槛变量，城市数字经济发展水平对制造业创新效率的估计结果。由估计结果可知，当产业集聚度低于 -3.7468 时，$digital1$ 的估计系数为负且不显著、当产业集聚度介于 -3.7468 和 -1.5172 之间时，$digital2$ 的估计系数在 1% 水平上显著为正；当产业集聚度大于 -1.5172 时，$digital3$ 的估计系数在 1% 水平上显著为正，表明当产业集聚度跨过第一个门槛 -3.7468 后，数字经济对制造业创新效率具有显著促进作用。其主要原因在于，随着城市数字经济的发展，相关高技术行业集聚，集聚的这些产业不仅可以通过竞争提升自己产品效应，也可以互相学习，加强交流，形成互助的学习效应，进而有利于企业自身的发展和创新。因此，随着产业集聚度的增大，数字经济对制造业创新效率的影响会逐步增大。

表7.4　　　　　　　　产业集聚门槛效应回归结果

变量	（1）估计系数	（2）t 值
$digital$1	−0.033	−0.60
$digital$2	0.012***	2.89
$digital$3	0.009***	3.02
控制变量	Yes	
个体效应	Yes	
时间效应	Yes	
行业效应	Yes	
N	16542	
R^2	0.422	
F	226.746	

注：***表示在1%水平上显著。当 $aggl$ 为门槛变量时，存在三个区间；$digital$1 为第一区间，$aggl \leq -3.7468$；$digital$2 为第二区间，$-3.7468 < aggl \leq -1.5172$；$digital$3 为第三区间，$aggl > -1.5172$。

资料来源：笔者自制。

二　门槛效应结果分析

数字经济发展带来的产业集聚对制造业创新效率的影响主要包括三个方面。第一，数字经济发展带动相关产业产生集聚效应，产业集聚便于创新主体企业之间互相交流与学习，形成学习效应，而这种学习效应有利于企业技术知识的积累，为企业提供技术创新基础。因此，数字经济带动产业集聚效应所产生的知识外溢能为企业创新带来知识供给（彭向、蒋传海，2011；李沙沙、尤文龙，2018），从而有利于提升企业创新效率。第二，产生产业集聚效应后，相关产业的企业将面临激烈的市场竞争，企业为了在市场中存活不得不对产品进行创新以稳定市场份额，这也会倒逼企业进行创新活动（杨仁发、李胜胜，2020）。第三，数字经济促使相关产业产生集聚效应也有助于吸引资本、人才和研发要素的流入，形成生产要素集聚，使生产要素快速匹配到市场主体（李沙沙、尤文龙，2018）。这样不仅能让企业及时得到需要的生产要素，也极大降低了企业匹配需要的生产要素的搜索成本，且生产要素的自由流动也可以带动知识在不同企业之间的互动交流，进而加速创新生产要素的传播与积累，为企业带来良好的创新环境，利于创新思想的迸发，进而有利于企业创新。

然而，数字经济形成的产业集聚效应也会对企业创新效率产生负向作用。一方面，由数字经济的快速发展带来的产业集聚也可能产生拥挤效应，拥挤效应可能会给企业创新带来不利影响。拥挤效应会引发集聚区的生产要素价格上升、基础设施和原材料短缺的问题，企业为了保证自身的发展，不得不竞争有限的生产要素，从而导致恶性竞争（李晓萍等，2015；李沙沙、尤文龙，2018）。拥挤效应导致的恶性竞争不仅可以破坏企业主体之间的合作交流，还会阻碍知识的传播，形成封闭的创新环境，从而不利于企业创新产出。另一方面，数字经济发展形成的产业集聚所带来的知识和技术溢出效应可能并不利于企业创新。由于企业之间存在较大差异，对创新的态度也存在差异，企业会根据自身条件和生产要素采用不同的知识产权态度。在知识产权认知和保护较弱的城市，拥有较高产业集聚城市的知识、技术外溢和人员流动为其他城市模仿创新提供条件，这些城市的企业可以短期获得丰厚的经济效益，而逐级丧失自主创新的动力（Li and Wang，2022）。同时，知识和技术溢出的企业，因其他企业的模仿，导致自己的创新研发投入无法得到同等比例的回报，进而会减弱溢出企业的创新积极性和动力，不利于城市创新主体企业的创新活动。同样，在知识产权认知和保护强的城市，由于对创新成果采取较严格的保护措施，不利于知识技术的溢出，过强保护措施也阻碍了技术人员的流动，不利于其他城市企业的模仿、再创新，致使创新变得更加被动。因此，产业集聚对企业创新具有不确定性，产业集聚效应既能起到知识和技术的外溢而促进创新，也能因知识产权和创新而起到负向作用。同时，在中国现阶段产业结构调整升级之际，部分城市产业集聚还处于初级阶段，产业集聚程度较低，仍以粗放的横向和纵向分工为主，而未能形成上下游产业的深度合作与分工（Li and Wang，2022）。这些产业以成本控制为主，并不具有持续的创新动力，不利于提升创新效率并形成协作创新网络。

从区域来看，中西部地区高新技术企业相对较少，数字经济发展水平也相对滞后，数字经济发展所带来的较低水平的产业集聚并不能立即对企业创新活动产生影响，只有达到较高水平的产业集聚，数字经济才能发挥对企业创新活动的作用。而东部地区自身数字经济发展水平较高，可以快速带动高新技术、数字产业集聚，只有少部分企业落入低门槛样本，而这些样本会导致数字经济对制造业创新效率影响效应被低水平产业集聚水平所"掩盖"，随着产业集聚水平的提升，数字经济对制造业创新效率的作用效应就会得到释放。

从企业规模来看，小规模企业所属行业趋同，数字经济可能带来反作用的产业集聚效应，产业大量集聚后，企业竞争较大，没有更多的资金用于研发，从而不利于企业创新。中规模企业维持适度的产业集聚程度，有利于数字经济促进企业创新，产业集聚程度较高时，中规模企业也会负担额外的"竞争费用"，从而弱化企业创新。大规模企业借助数字经济发展带来的数字化转型，将配置更多的资源并投入更多的研发人员，其产业集聚在低水平时，数字经济对企业创新效率的影响并不会发生显著改变。但当产业集聚程度较高时，激烈的市场竞争会倒逼大规模企业投入更多的资源进行创新以维持自身的市场份额，这就使数字经济带来良好的产业集聚效应，从而有利于企业创新。

在不同行业中，劳动密集型行业的企业在产业集聚程度较高时，通过数字技术平台形成产业的互补形式，完善整个产业链，从而利于企业创新，但产业集聚程度较低时，不能发挥数字经济形成产业链的优势。资本密集型行业的企业，本身数字化转型较慢，各个企业比较分散，很难产生产业集聚效应，企业需要更多资本维持运营，其中数字经济的发展带来的产业集聚水平对企业创新影响有限，当产业集聚水平更低时甚至会产生负向作用。知识密集型行业的企业本身数字化程度较高，其产业集聚在低水平时，并不会产生数字经济负向影响企业创新效率的情形，当产业集聚提高时，一方面知识密集型企业产生集聚效应，这些企业可以通过互相学习产生补齐短板的效应；另一方面知识密集型行业的企业面临同质性市场竞争时，也更能发挥企业自带的知识属性，有助于企业进行创新。

因此，城市数字经济发展水平对制造业创新效率的影响会随着产业集聚的变动而发生变化，存在产业集聚的门槛效应。

第四节 小结

通过构建面板门槛模型较系统地探讨了城市数字经济发展水平与制造业创新效率之间的非线性关系。首先，检验政府补助、企业税负、制度性交易成本、人力资本、创新环境与产业集聚是否存在门槛效应。其次，分析门槛效应的估计结果，根据检验结果从理论上分析该变量存在门槛效应的原因。研究发现：（1）政府补助、企业税负和产业集聚均存在双重面板门槛效应。政府补助的双重门槛值分别为 16.6139 和 18.2936，企业税负的双重门槛值分别为 0.0585 和 0.2260，产业集聚的双重门槛值分别为 -3.7468 和 -1.5172。（2）在微观企业层面，数字经济对制造业创新效率的影响会随着制造业企业得到政府补助的增加而增大，这表明增加政府补助，更有利于数字经济提升制造业创新效率。当企业税负低于 0.2260 时，有利于数字经济对制造业企业创新效率的提升；而当企业税负超过 0.2260 时，数字经济不再显著影响制造业创新效率，甚至会阻碍制造业创新效率的提升。③在宏观城市层面，当产业集聚水平超过 -3.7468 时，数字经济显著正向影响制造业创新效率；而当产业集聚程度较低时，数字经济对制造业创新效率的影响并不显著。

第八章 结论与政策建议

第一节 结论

一方面,中国数字经济发展较快,数字经济赋能经济高质量发展。为此,本书从数字经济基础设施、产业数字化和数字产业化构建指标,测算中国城市数字经济发展水平。另一方面,数字经济为中国制造业创新发展提供了契机,而中国制造业企业除了劳动力成本上升和技术封锁的"两端挤压",还面临融资约束困境、贸易争端等问题,制造业创新效率不高。在制造业发展的窘境下,政府积极提出数字经济带动制造业创新发展的战略,借助数字经济发展优势驱动制造业转型升级。为此,本书采用微观上市制造业企业数据,测算了中国制造业创新效率。在此基础上,实证研究了城市数字经济发展水平对制造业创新效率的影响,并实证分析了数字经济影响制造业创新效率的作用途径。最后,以影响机制为出发点,探讨数字经济与制造业创新效率之间的门槛效应。通过理论与实证检验,本书主要得到以下五个方面的结论。

第一,数字经济发展水平呈增长趋势,其中东部地区的数字经济发展水平最高，中部数字经济发展水平略高于西部地区，但除东部地区外都低于全国平均水平。数字经济发展水平较高的城市的系数由 0.30 突破到 0.60 以上，同时存在着较大的空间差异分布特征，省会城市、规模较大城市及东部沿海城市的数字经济发展水平较高，而小规模城市及中西部地区的城市数字经济发展水平较低。

第二，融资约束使企业创新发生偏离，其中内部融资能显著降低企业融资约束，且不会给企业后续融资带来不确定性；商业信用与外部融资虽然可以缓解企业融资约束，但会增加企业后续融资约束的不确定性；企业规模虽然可以缓解融资约束，但会增加后续融资约束不确定性，且不同创新效率的融资约束机制也存在差异。制造业创新效率的测算结果表明中国上市制造业企业面临较严重的融资约束，企业真实的创新效率仅为 20% 左右。企业的创新效率在地区、企业规模和行业表现出异质性：（1）从地区上看，东部地区的整体创新效率、创新质量效率与创新数量效率最高，且创新效率水平高于全国均值。中部地区的整体创新效率高于全国均值，但创新质量效率与创新数量效率均低于全国平均水平，而西部地区的创新效率均低于全国平均水平。（2）从企业规模上看，大规模企业的整体创新效率、创新质量效率与创新数量效率最高，且高于全体样本的均值，而中小规模企业的创新效率均低于全体样本的均值。（3）从行业上看，知识密集型行业的整体创新效率、创新质量效率与创新数量效率都明显高于劳动密集型与资本密集型行业，劳动密集型行业的创新效率最低。2018 年由于中美贸易争端、美国实施技术封锁等原因，全国创新效率略有下降，中国更加依赖自主创新，重视质量创新，减少了对外观设计专利的数量创新依赖程度。

第三，实证研究结果表明，城市数字经济发展有利于提升企业整体创新效率、创新质量效率与创新数量效率，总体上数字经济发展对制造业创新效率具有显著促进作用。地区异质性检验结果表明，数字经济不会显著影响中西部地区制造业企业的创新效率，这种不显著的影响不仅表现在企业整体创新效率上，还表现在创新质量效率与创新数量效率上，但数字经济有利于东部地区制造业企业的整体创新效率、创新质量与创新数量效率的提升。企业规模异质性检验表明，无论是对于中小规模企业还是大规模企业，数字经济都有利于制造业整体创新效率的提升，且作用效应会随着企业规模的增大而递增，即中大规模企业的数字经济作用效应更明显。数字经济有利于提升中大规模企业的创新质量效率与创新数量效率，然而数字经济提升小规模企业的创新效率主要是通过创新数量，而非创新质量。行业异质性检验表明：一方面，数字经济对劳动密集型与知识密集型行业的企业整体创新效率、创新质量效率与创新数量效率都有显著的提升作用；另一方面，数字经济有利于提升资本密集型行业的整体创新效率与创新数量效率，但对劳动密集型行业的作用效应更大，对资本密集型行业的创新质量效率没有显著影响。

第四，城市数字经济发展水平影响制造业创新效率的作用机制检验结果表明：在微观企业层面，数字经济发展可以为企业带来政府补助、减少企业税负与降低制度性交易成本，从而影响企业整体创新效率、创新质量效率与创新数量效率；在宏观城市层面，数字经济可以通过提高城市人力资本水平、创新环境水平与产业集聚程度，影响企业整体创新效率与创新数量效率。但作用机制在企业层面与城市层面都存在地区、企业规模与行业的异质性。

第五，数字经济对制造业创新效应的影响存在政府补助、企业税负与产业集聚的门槛效应，数字经济与制造业创新效率的非线性关系具体表现在：数字经济对制造业创新效率的影响会随着政府补助的提高而增大；当企业税负较低时，数字经济可以显著提升制造业创新效率，当企业税负较高时，会产生阻碍作用。当产业集聚水平超过第一门槛值时，数字经济显著正向影响制造业创新效率；而当产业集聚程度较低时，数字经济不显著影响制造业创新效应。

第二节 政策建议

根据以上结论，中国应制定相关政策以提升数字经济发展水平，缓解上市制造业企业的融资约束，提高制造业企业的创新产出，进而提升企业创新效率，以保证数字经济对制造业转型升级的带动作用，进一步加快我国实现"制造强国"与"智能制造"的目标。为此，本文提出以下五点政策建议。

第一，把握数字经济发展趋势，重视中西部地区与小城市数字经济建设。研究发现城市数字经济发展水平可以有效提升制造业创新效率，但中西部地区与小城市的数字经济发展水平较低。一方面，在数字经济已成为经济高质量发展的新动力背景下，应把握数字经济的发展趋势，缩小与欧美国家的差距。特别是要加大数字经济的基础设施，推进数字中国建设。加快5G商用建设，着手 6G 研发，利用大数据、人工智能等数字化建设，进一步巩固数字经济为制造业转型升级带来的红利，企业借助数字技术有效降低企业运营中的销售费用、管理费用和财务费用，降低制度性交易成本，让企业具有更多的现金流用于研发。为此，应在中西部地区及小城市优先部署 5G 网络，并提前规划 6G 研发与应用路径，确保数字基础设施的先进性和覆盖面，为数字经济发展提供坚实支撑。在区域内合理布局数据中心，提升云计算服务能力，为制造业企业提供高效、低成本的数据存储和计算服务，促进数据资源的有效利用。鼓励制造业企业采用数字化、网络化、智能化技术改造生产线，提高生产效率和产品质量，实现转型升级。构建开放、协同、共享的工业互联网平台，促进产业链上下游企业的紧密合作，实现资源优化配置和协同创新。设立专项基金，为中小企业提供数字化转型的财政补贴、贷款贴息等政策支持，降低其转型成本。组织数字化转型培训、咨询服务等活动，帮助中小企业了解数字化转型的重要性和路径，提升其数字化能力，进而提高企业创新效率。另一方面，相对于中国经济规模而言，中国的数字经济并不大于经济合作与发展组织的平均水平，掩盖了地区间的巨大差异，只有北京、广东和上海领先于经济合作与发展组织的平均水平（Chen et al.，2019）。因此，在把握数字经济发展趋势的同时，除加大数字经济基础设施建设外，也需要把握数字经济发展水平在地区之间的差异，只有中西部地区、小城市的数字经济发展起来，才能将我国的数字经济发展水平提升至新阶段，为此国家数字经济建设的宏观政策制定可以向中西部地区城市及小城市倾斜。鉴于不同地区在经济发展水平、产业结构、人才储备等方面的差异，国家在推动数字经济发展时，应实施差异化的发展战略。对于中西部地区及小城市，可以依托其独特的资源禀赋和产业基础，发展具有地方特色的数字经济产业。例如，利用丰富的农业资源发展智慧农业，通过物联网、大数据等技术提升农业生产效率；依托丰富的旅游资源，发展智慧旅游，提升旅游体验和服务质量。鼓励东部发达地区与中西部地区及小城市在数字经济领域开展合作，共享资源、技术和市场信息，实现互利共赢。结合各区域资源禀赋和产业基础，探索适合自身特点的数字经济发展路径，形成差异化竞争优势。同时，鼓励东部地区的数字经济龙头企业通过技术转移、产业合作等方式，带动中西部地区的数字经济发展，形成区域间的协同发展格局。

第二，城市立足自身特点，发挥创新效应。城市数字经济发展可以通过城市人力资本、创新环境与产业集聚提升制造业创新效率。为此，应根据城市自身特点，制定政策。城市数字经济的发展，需要计算机、大数据、人工智能领域的人才，城市应根据自身特点制定数字经济的人才政策。吸引大量专业化人才为人力资本积累提供互相学习和交流的平台，人才流动带来的知识与技术溢出有利于创新思想的迸发，从而更好地促进数字经济的发展。为此，各城市应依据自身的资源与数字经济发展水平，制定相应人才政策以吸引人才，加速人才集聚效应，为城市数字经济发展提供土壤。各城市应加强数字经济平台的建设，提升城市创新服务能力和水平，加强城市政府监督，营造良好的创新环境，进而为企业提供一个良好的创新氛围。同时，城市应制定相关政策提高数字经济产业及关联制造业的产业集聚水平，发挥数字经济相关产业的集聚效应。借助数字经济平台为企业提供一个互相学习与公平竞争的良好营商环境。为此，本书进一步提出以下具体措施。

　　一是精准定位，差异化发展：每个城市都有其独特的资源禀赋和产业基础，如科技创新能力、历史文化底蕴、自然资源等。城市应深入分析自身优势，明确数字经济发展方向，避免同质化竞争，实现差异化发展。比如，科技实力强的城市可以重点发展人工智能、云计算等前沿技术；旅游资源丰富的城市可以探索"智慧旅游"等数字经济新业态。二是构建多层次人才体系：除了高端的技术人才，数字经济的发展还需要多层次的人才支持，包括管理人才、营销人才、法律顾问等。城市应制订全面的人才引进和培养计划，不仅要吸引海外和国内顶尖人才，也要注重对本土人才的培养和激励，形成结构合理、素质优良的人才队伍。三是促进产业融合创新：数字经济不仅局限于信息技术产业，它正在与传统产业深度融合，推动产业升级。城市应鼓励和支持制造业、服务业等传统产业与数字经济相结合，通过数字化、网络化、智能化改造提升产业效率和竞争力。同时，培育数字经济新业态新模式，如电子商务、在线教育、远程医疗等，拓展数字经济发展空间，形成数字经济相关产业的集聚效应。四是优化创新生态体系：良好的创新生态体系是激发创新活力、促进数字经济发展的关键。城市应建立健全创新激励机制，保护知识产权，促进科技成果转化。同时，加强产学研合作，搭建创新平台，为企业、高校、科研机构等提供交流合作的机会，形成协同创新的良好局面。五是加强政府引导与监管：政府在数字经济发展过程中应发挥引导作用，通过制定政策、规划布局等方式引导数字经济发展方向。同时，加强监管力度，确保数字经济健康发展。政府还应积极宣传数字经济的重要性和发展前景,提高全社会对数字经济的认识和参与度。

总之,城市在推动数字经济发展时,应立足自身特点,发挥创新效应,构建多层次人才体系,强化数字基础设施建设,促进产业融合创新,优化创新生态体系,加强政府的引导与监管。只有这样,才能为城市数字经济发展提供强有力的支撑和保障。

第三,强化政策扶持。数字经济可以依靠政府补助,降低企业税负与制度性交易成本提高制造业企业创新效应。因此,政府应制定对数字经济的一系列的扶持政策,通过加大对企业科技创新的补助,给予企业进行数字化转型的税收优惠,减免企业税负,简化企业审批手续,建立部门间的高效联动,降低制度性交易成本,提高企业研发投入,积极引导企业重视创新质量而非创新数量,政府对企业的政策考核以发明专利为主,以实用型与外观设计类专利为辅。另外,探索鼓励企业在数字经济领域进行"容错纠错"机制式技术创新。加大政府在"试错"方面的风险资金池,引导社会资本与保险企业为企业的研发及产品创新提供风险担保。在利用数字技术方面,政府也可以制定一系列政策支持数据自由流动,简化流程,降低制度性交易成本,让数字技术服务企业的组织架构,促进组织架构更新,从而提高企业创新产出,提升企业创新效率。强化政策扶持对于推动数字经济与制造业深度融合、提升创新效应具有至关重要的作用,以下具体的五点政策建议,旨在进一步促进数字经济的发展和制造业的创新升级。

一是加大财政补贴与税收优惠力度。设立专项基金:政府应设立针对数字经济和制造业数字化转型的专项基金,重点支持关键技术研发、创新平台建设、示范项目推广等。税收优惠：对进行数字化转型和研发投入较高的企业，实施更大幅度的税收减免政策，如研发费用加计扣除、高新技术企业所得税优惠等。补贴政策：对采用先进数字技术、实现显著创新成效的企业给予直接补贴或奖励，激励企业加大创新投入。二是优化营商环境，降低制度性交易成本。简化审批流程：推进"放管服"改革，简化企业注册、项目审批等流程，缩短审批时间，提高行政效率。建立跨部门协同机制：加强政府各部门之间的信息共享与协同合作，减少企业多头申报、重复提交材料的负担。完善法律法规：制定和完善与数字经济相关的法律法规，明确数据权属、交易规则、隐私保护等，为企业营造公平、透明、可预期的法治环境。三是鼓励"容错纠错"机制，促进技术创新。设立风险资金池：政府可设立风险资金池，为企业在技术创新过程中可能遇到的失败提供资金支持，降低企业试错成本。引导社会资本参与：通过政策引导，鼓励社会资本、风险投资机构、保险企业等参与企业的技术创新和产品研发，形成多元化、多层次的创新投入体系。宽容失败文化：在全社会营造鼓励创新、宽容失败的文化氛围，让企业和个人敢于尝试、勇于创新。四是促进数据自由流动与共享。制定数据流通政策：明确数据流通的规则和标准，在保障数据安全和个人隐私的前提下，推动数据在合法合规范围内自由流动和共享。建设数据交易平台：支持建设数据交易平台，为企业提供数据交易、数据服务、数据分析等一站式解决方案。加强数据治理：加强数据治理体系建设，提升数据质量，保障数据安全和隐私保护，为数据自由流动提供坚实保障。五是推动组织架构更新与数字化转型。引导企业组织架构变革：鼓励企业根据数字技术的发展趋势,调整组织架构,优化业务流程,提升管理效率。推广数字化管理工具:支持企业采用云计算、大数据、人工智能等先进技术,提升生产、管理、营销等各环节的数字化水平。培养数字化人才:加强数字化人才的培养和引进,提升企业员工的数字素养和创新能力,为企业的数字化转型提供人才保障。综上所述,通过一系列的政策扶持和措施引导,可以有效推动数字经济的发展和制造业的创新升级,实现经济高质量发展。

第四,关注企业融资约束,发挥企业优势。我国上市制造业企业面临较严重的融资约束,制造业企业创新效率不高。因此,企业应在加强内部融资的基础上,提高企业现金流,缓解融资约束,提高企业创新,同时,政府应减少金融资源配置的干预,重点解决企业创新过程中融资渠道的障碍。政府通过完善金融服务体系、加强知识产权保护来加快企业转型升级,使融资约束最低程度影响企业创新。在优势方面,继续发挥东部地区、大规模企业及知识密集行业的引领作用,继续保持这些企业以发明专利的创新质量示范作用,充分释放数字经济带来的创新红利。针对中国上市制造业企业面临的融资约束和创新效率问题,以及如何在现有优势的基础上进一步推动企业发展,可以从以下几方面综合施策。

一是强化企业内部融资能力。优化财务管理:企业应通过精细化管理提升运营效率,减少不必要的开支,增强内部资金积累能力。现金流管理:建立健全现金流预测和管理机制,确保企业有足够的流动资金支持日常运营和创新活动。利润再投资:鼓励企业将部分利润再投资于研发和技术升级,形成良性循环,提高自主创新能力。二是拓宽外部融资渠道。多元化融资策略:除银行贷款外，企业应积极探索股权融资、债券融资、风险投资、私募股权等融资方式，降低对单一融资渠道的依赖。金融服务体系完善：政府应推动建立健全多层次资本市场体系，完善金融基础设施，为企业提供更便捷、高效的金融服务。三是发挥区域、规模与行业优势。区域协同发展：东部地区应继续发挥其经济、技术和人才优势，带动中西部地区制造业协同发展，形成区域联动效应。大型企业引领：鼓励大型企业通过技术创新、管理创新和市场开拓，发挥示范引领作用，带动产业链上下游企业共同发展。知识密集行业聚焦：重点支持知识密集型行业如信息技术、生物医药、新材料等领域的创新发展，充分利用数字经济带来的新机遇，推动产业转型升级。四是政策支持与激励机制。创新激励机制：建立健全创新激励机制，对取得显著创新成果的企业和个人给予奖励，激发全社会创新活力。产学研合作：促进企业与高校、科研院所的紧密合作，构建产学研用深度融合的创新体系，加速科技成果转化为现实生产力。

通过上述措施的综合实施，可以有效缓解我国上市制造业企业的融资约束问题，提升企业创新效率，充分发挥区域、规模与行业的优势，推动制造业向高质量发展迈进。

第五，实施差异化的发展战略。总体上，在数字经济快速发展的背景下，可以通过政府补助、给予企业税收优惠，降低企业税负与简化流程，降低制度性交易成本，提升制造业创新效率，给予企业补助越多、税收优惠越多，越有利于企业提升创新效率。但也应考虑各地区、企业规模与行业的企业存在较大差异，实施差异化的发展战略，扬长避短。例如，给予中西部地区企业更大的税收优惠与科技类政府补助，减少对中小企业的审批手续，精简企业研发流程，降低制度性交易成本。政府在引进企业时，应充分考虑制造业的规模与行业性质，根据企业规模与行业性质制定相关政策，形成差异化的产业集聚政策。而东部地区可以凭借数字经济良好的发展态势，促进产生高技术产业集聚效应，东部地区高技术企业产生的集聚效应不仅可以通过竞争提升其产品效应，也可以通过互相学习，加强交流，形成互助的学习效应，提升企业研发和产出能力。对劳动密集型行业可以进一步给予税收优惠，督促资本密集型行业的企业加快数字化转型，降低企业研发的边际成本，为知识密集型行业创造一个良好的创新环境。以下是对这一策略进一步细化和深化的思考。

一是区域差异化政策。中西部地区：鉴于中西部地区在基础设施建设、人才储备及技术创新环境上可能相对落后，政府应加大政策扶持力度，除税收优惠和科技类政府补助外，还应加强基础设施建设，如提升网络带宽、建设数据中心等，为数字经济发展提供硬件支持。同时，通过设立专项基金、建设创新平台、引进高端人才等措施，激发地区内企业的创新活力。东部地区：东部地区拥有较成熟的数字经济基础和高科技企业集群，政府应进一步优化营商环境，减少不必要的行政干预，鼓励企业通过市场机制实现资源高效配置。重点扶持高技术产业集群，促进产学研深度融合，形成创新生态系统。同时，推动东部地区企业"走出去"，参与国际竞争与合作，提升全球影响力。二是企业规模与行业差异化策略。中小企业：中小企业是市场经济的重要组成部分，但往往面临融资难、研发能力弱等问题。政府应简化审批流程，降低准入门槛，提供低息贷款、创新券等金融支持，鼓励中小企业加大研发投入。同时，建立公共服务平台，提供技术咨询、市场开拓等服务，帮助中小企业快速成长。劳动密集型行业：在保持其竞争优势的同时，引导其向智能制造、绿色制造转型升级。通过税收优惠、技能培训等手段，提升劳动力素质，降低对低技能劳动力的依赖。资本密集型行业：鼓励资本密集型行业加快数字化转型步伐，利用大数据、人工智能等技术优化生产流程，提高生产效率。政府可提供专项补贴或税收返还，降低企业数字化转型的初期投入成本。知识密集型行业：为知识密集型行业营造更开放、包容的创新环境，保护知识产权，激励企业持续创新。建立产学研用协同创新机制，促进科技成果快速转化应用。三是优化营商环境。简化审批流程：无论是对中西部地区还是东部地区，都应持续优化其营商环境，简化企业设立、项目审批等流程，减少企业制度性交易成本。加强法治保障：建立健全知识产权保护体系，加大执法力度，为各类企业提供公平、公正的市场竞争环境。提升服务质量：政府应增强服务意识，提高服务质量，主动对接企业需求，为企业提供更精准、高效的政策支持和服务。

综上所述，通过实施差异化的发展战略，结合区域、企业规模与行业特点，制定具有针对性的政策措施，可以更有效地推动制造业企业在数字经济背景下实现创新发展。

参考文献

一 中文文献

柏培文、喻理:《数字经济发展与企业价格加成:理论机制与经验事实》,《中国工业经济》2021年第11期。

柏培文、张云:《数字经济、人口红利下降与中低技能劳动者权益》,《经济研究》2021年第5期。

蔡延泽、龚新蜀、靳媚:《数字经济、创新环境与制造业转型升级》,《统计与决策》2021年第17期。

曹正勇:《数字经济背景下促进我国工业高质量发展的新制造模式研究》,《理论探讨》2018年第2期。

陈兵:《法治视阈下数字经济发展与规制系统创新》,《上海大学学报》(社会科学版)2019年第4期。

陈丹:《产业技术创新传导机理及测度模型研究》,博士学位论文,吉林大学,2006年。

陈利等:《政府补助、数字普惠金融与企业创新——基于信息制造类上市公司的实证分析》,《当代经济研究》2022年第1期。

陈晓红:《数字经济时代的技术融合与应用创新趋势分析》,《中南大学学报》（社会科学版）2018 年第 5 期。

陈晓红等：《数字经济时代下的企业运营与服务创新管理的理论与实证》，《中国科学基金》2019 年第 3 期。

崔保国、郑维雄、何丹嵋：《数字经济时代的传媒产业创新发展》，《新闻战线》2018 年第 11 期。

戴翔：《中国制造业国际竞争力——基于贸易附加值的测算》，《中国工业经济》2015 年第 1 期。

党琳、李雪松、申烁：《数字经济、创新环境与合作创新绩效》，《山西财经大学学报》2021 年第 11 期。

邓力平、何巧、王智烜：《减税降费背景下企业税负对创新的影响研究》，《经济与管理评论》2020 年第 6 期。

丁勇、刘婷婷：《基于 DEA 模型的航空制造业创新效率研究——以天津为例》，《经济问题》2011 年第 6 期。

丁志帆：《数字经济驱动经济高质量发展的机制研究：一个理论分析框架》，《现代经济探讨》2020 年第 1 期。

董香书、王晋梅、肖翔：《数字经济如何影响制造业企业技术创新——基于"数字鸿沟"的视角》，《经济学家》2022 年第 11 期。

杜传忠、张远：《数字经济发展对企业生产率增长的影响机制研究》，《证券市场导报》2021 年第 2 期。

范剑勇：《市场一体化、地区专业化与产业集聚趋势——兼谈对地区差距的影响》，《中国社会科学》2004 年第 6 期。

范周：《数字经济变革中的文化产业创新与发展》，《深圳大学学报》（人文社会科学版）2020 年第 1 期。

干春晖、郑若谷、余典范：《中国产业结构变迁对经济增长和波动的影响》,《经济研究》2011年第5期。

高智、鲁志国:《产业融合对装备制造业创新效率的影响——基于装备制造业与高技术服务业融合发展的视角》,《当代经济研究》2019年第8期。

葛和平、吴福象:《数字经济赋能经济高质量发展:理论机制与经验证据》,《南京社会科学》2021年第1期。

龚晓莺、王海飞:《当代数字经济的发展及其效应研究》,《电子政务》2019年第8期。

郭兵:《中低技术制造业技术创新效率的行业比较研究》,《科学学与科学技术管理》2014年第5期。

郭峰等:《测度中国数字普惠金融发展:指数编制与空间特征》,《经济学(季刊)》2020年第4期。

郭晗、廉玉妍:《数字经济与中国未来经济新动能培育》,《西北大学学报》(哲学社会科学版)2020年第1期。

韩晶:《基于SFA方法的中国制造业创新效率研究》,《北京师范大学学报》(社会科学版)2010年第6期。

韩庆潇、查华超、杨晨:《中国制造业集聚对创新效率影响的实证研究——基于动态面板数据的GMM估计》,《财经论丛》2015年第4期。

韩庆潇、杨晨、顾智鹏:《高管团队异质性对企业创新效率的门槛效应——基于战略性新兴产业上市公司的实证研究》,《中国经济问题》2017年第2期。

韩先锋、宋文飞、李勃昕:《互联网能成为中国区域创新效率提升的新动能吗》,《中国工业经济》2019年第7期。

郝东杰、陈双专:《数字经济跨境课税之"双支柱"方案的创新、影响及应对》，《税务研究》2020年第11期。

何帆、刘红霞：《数字经济视角下实体企业数字化变革的业绩提升效应评估》，《改革》2019年第4期。

衡容、贾开：《数字经济推动政府治理变革：外在挑战、内在原因与制度创新》，《电子政务》2020年第6期。

侯世英、宋良荣：《数字经济、市场整合与企业创新绩效》，《当代财经》2021年第6期。

黄群慧、贺俊：《中国制造业的核心能力、功能定位与发展战略——兼评〈中国制造2025〉》，《中国工业经济》2015年第6期。

黄群慧、余泳泽、张松林：《互联网发展与制造业生产率提升：内在机制与中国经验》，《中国工业经济》2019年第8期。

姜博：《产业融合与中国装备制造业创新效率》，博士学位论文，辽宁大学，2015年。

姜松、孙玉鑫：《数字经济对实体经济影响效应的实证研究》，《科研管理》2020年第5期。

蒋殿春、潘晓旺：《数字经济发展对企业创新绩效的影响——基于我国上市公司的经验证据》，《山西大学学报》（哲学社会科学版）2022年第1期。

蒋树雷、张臻：《数字经济发展与物流业产业升级——基于创新机制的检验》，《商业经济研究》2020年第22期。

焦勇：《数字经济赋能制造业转型：从价值重塑到价值创造》，《经济学家》2020年第6期。

金伟林、吴画斌：《数字经济创新引领经济社会发展路径及机制研究》，《生产力研究》2019年第11期。

荆浩、尹薇：《数字经济下制造企业数字化创新模式分析》，《辽宁工业大学学报》（社会科学版）2019年第6期。

荆文君、孙宝文：《数字经济促进经济高质量发展：一个理论分析框架》，《经济学家》2019年第2期。

黎晓春、常敏：《数字经济时代创新型城市发展的动力变革和路径优化研究》，《治理研究》2020年第1期。

李长江：《关于数字经济内涵的初步探讨》，《电子政务》2017年第9期。

李东红、乌日汗、陈东：《"竞合"如何影响创新绩效：中国制造业企业选择本土竞合与境外竞合的追踪研究》，《管理世界》2020年第2期。

李光龙等：《财政分权下科技创新与城市绿色发展效率》，《统计与信息论坛》2020年第9期。

李国杰：《数字经济引领创新发展》，《人民日报》2016年12月16日第7版。

李立成、刘勤：《数字经济背景下的财务创新——第十八届全国会计信息化学术年会主要观点综述》，《会计研究》2019年第10期。

李沙沙、尤文龙：《产业集聚能否促进制造业企业创新？》，《财经问题研究》2018年第4期。

李士梅、李安：《中国高端装备制造业创新效率的测度分析》，《社会科学战线》2018年第6期。

李维安、李浩波、李慧聪：《创新激励还是税盾？——高新技术企业税收优惠研究》，《科研管理》2016年第11期。

李晓华：《数字经济新特征与数字经济新动能的形成机制》，《改革》2019 年第 11 期。

李晓萍等：《经济集聚、选择效应与企业生产率》，《管理世界》2015 年第 4 期。

李彦臻、任晓刚：《科技驱动视角下数字经济创新的动力机制、运行路径与发展对策》，《贵州社会科学》2020 年第 12 期。

李园园等：《政府补助、环境规制对技术创新投入的影响》，《科学学研究》2019 年第 9 期。

连玉君、程建：《不同成长机会下资本结构与经营绩效之关系研究》，《当代经济科学》2006 年第 2 期。

连玉君：《金融计量与 Stata 应用》，2020 年，内部资料。

连玉君、苏治：《融资约束、不确定性与上市公司投资效率》，《管理评论》2009 年第 1 期。

连玉君：《随机边界模型：进展及 Stata 应用》，《郑州航空工业管理学院学报》2018 年第 1 期。

刘秉镰、徐锋、李兰冰：《中国医药制造业创新效率评价与要素效率解构》，《管理世界》2013 年第 2 期。

刘冬冬、黄凌云、董景荣：《研发要素价格扭曲如何影响制造业创新效率——基于全球价值链视角》，《国际贸易问题》2020 年第 10 期。

刘方、孟祺：《数字经济发展：测度、国际比较与政策建议》，《青海社会科学》2019 年第 4 期。

刘航等：《基于中国实践的互联网与数字经济研究——首届互联网与数字经济论坛综述》，《经济研究》2019 年第 3 期。

刘军、杨渊鋆、张三峰：《中国数字经济测度与驱动因素研究》，《上海经济研究》2020 年第 6 期。

刘兰剑、张萌、黄天航：《政府补贴、税收优惠对专利质量的影响及其门槛效应——基于新能源汽车产业上市公司的实证分析》，《科研管理》2021年第6期。

刘淑春：《中国数字经济高质量发展的靶向路径与政策供给》，《经济学家》2019年第6期。

刘昭洁：《数字经济背景下的产业融合研究》，博士学位论文，对外经济贸易大学，2018年。

鲁晓东、连玉君：《中国工业企业全要素生产率估计：1999—2007》，《经济学（季刊）》2012年第2期。

毛其淋、许家云：《政府补贴对企业新产品创新的影响——基于补贴强度"适度区间"的视角》，《中国工业经济》2015年第6期。

毛其淋、许家云：《政府补贴、异质性与企业风险承担》，《经济学（季刊）》2016年第4期。

牛泽东、张倩肖：《中国装备制造业的技术创新效率》，《数量经济技术经济研究》2012年第11期。

裴长洪、倪江飞、李越：《数字经济的政治经济学分析》，《财贸经济》2018年第9期。

彭向、蒋传海：《产业集聚、知识溢出与地区创新——基于中国工业行业的实证检验》，《经济学（季刊）》2011年第3期。

戚聿东、褚席：《数字经济发展促进产业结构升级机理的实证研究》，《学习与探索》2022年第4期。

戚聿东、肖旭：《数字经济时代的企业管理变革》，《管理世界》2020年第6期。

任鸽、孙慧：《政府补助如何影响企业研发投入？——高管垂直薪酬差距的中介作用和董事会规模的调节作用》，《研究与发展管理》2019年第6期。

任泳然：《数字经济驱动下政务数据资产化与创新策略研究》，博士学位论文，江西财经大学，2020年。

申明浩、谭伟杰、陈钊泳：《数字经济发展对企业创新的影响——基于A股上市公司的经验证据》，《南方金融》2022年第2期。

施建军、栗晓云：《政府补助与企业创新能力：一个新的实证发现》，《经济管理》2021年第3期。

石大千等：《智慧城市建设能否降低环境污染》，《中国工业经济》2018年第6期。

宋洋：《数字经济、技术创新与经济高质量发展：基于省级面板数据》，《贵州社会科学》2020年第12期。

孙杰：《从数字经济到数字贸易：内涵、特征、规则与影响》，《国际经贸探索》2020年第5期。

孙早、徐远华：《信息基础设施建设能提高中国高技术产业的创新效率吗？——基于2002—2013年高技术17个细分行业面板数据的经验分析》，《南开经济研究》2018年第2期。

田秀娟、李睿：《数字技术赋能实体经济转型发展——基于熊彼特内生增长理论的分析框架》，《管理世界》2022年第5期。

万晓榆、罗焱卿、袁野：《数字经济发展的评估指标体系研究——基于投入产出视角》，《重庆邮电大学学报》（社会科学版）2019年第6期。

王海成、吕铁：《知识产权司法保护与企业创新——基于广东省知识产权案件"三审合一"的准自然试验》，《管理世界》2016年第10期。

王丽娟、冯丽君：《环境不确定性与企业创新投入——薪酬激励和政府补助的调节作用研究》，《生产力研究》2021年第8期。

王永进、冯笑：《行政审批制度改革与企业创新》，《中国工业经济》2018年第2期。

王展祥、龚广祥、郑婷婷：《融资约束及不确定性对非上市制造业R&D投资效率的影响——基于异质性随机前沿函数的实证研究》，《中央财经大学学报》2017年第11期。

温军、邓沛东、张倩肖：《数字经济创新如何重塑高质量发展路径》，《人文杂志》2020年第11期。

温珺、阎志军、程愚：《数字经济驱动创新效应研究——基于省际面板数据的回归》，《经济体制改革》2020年第3期。

温珺、阎志军、程愚：《数字经济与区域创新能力的提升》，《经济问题探索》2019年第11期。

吴恬恬：《中国省域数字经济发展与创新要素关系研究》，硕士学位论文，杭州电子科技大学，2020年。

吴伟伟、张天一：《非研发补贴与研发补贴对新创企业创新产出的非对称影响研究》，《管理世界》2021年第3期。

吴晓波等：《数字经济背景下浙江省创新型经济发展评价及赋能对策研究——基于2014—2017年六省市的对比分析》，《科技管理研究》2020年第13期。

伍红、郑家兴：《政府补助和减税降费对企业创新效率的影响——基于制造业上市企业的门槛效应分析》，《当代财经》2021年第3期。

向宽虎、陆铭：《发展速度与质量的冲突——为什么开发区政策的区域分散倾向是不可持续的?》,《财经研究》2015 年第 4 期。

肖国安、张琳:《数字经济发展对中国区域全要素生产率的影响研究》,《合肥工业大学学报》(社会科学版) 2019 年第 5 期。

肖静华、谢康、吴瑶:《数据驱动的产品适应性创新——数字经济的创新逻辑(一)》,《北京交通大学学报》(社会科学版) 2020 年第 1 期。

肖仁桥、陈忠卫、钱丽:《异质性技术视角下中国高技术制造业创新效率研究》,《管理科学》2018 年第 1 期。

谢康、吴瑶、肖静华:《基于大数据合作资产的适应性创新——数字经济的创新逻辑(二)》,《北京交通大学学报》(社会科学版) 2020 年第 2 期。

谢康、吴瑶、肖静华:《生产方式数字化转型与适应性创新——数字经济的创新逻辑(五)》,《北京交通大学学报》(社会科学版) 2021 年第 1 期。

谢康、吴瑶、肖静华:《数据驱动的组织结构适应性创新——数字经济的创新逻辑(三)》,《北京交通大学学报》(社会科学版) 2020 年第 3 期。

熊鸿儒:《我国数字经济发展中的平台垄断及其治理策略》,《改革》2019 年第 7 期。

熊励、蔡雪莲:《数字经济对区域创新能力提升的影响效应——基于长三角城市群的实证研究》,《华东经济管理》2020 年第 12 期。

徐传谌、张行:《国有企业提升自主创新能力研究》,《财经问题研究》2015 年第 4 期。

徐德云：《产业结构升级形态决定、测度的一个理论解释及验证》，《财政研究》2008年第1期。

徐梦周、吕铁：《赋能数字经济发展的数字政府建设：内在逻辑与创新路径》，《学习与探索》2020年第3期。

许和连、王海成：《简政放权改革会改善企业出口绩效吗？——基于出口退（免）税审批权下放的准自然试验》，《经济研究》2018年第3期。

许文静、谷静怡、许盼盼：《数字经济时代会计面临的挑战、机遇与人才培养创新》，《商业会计》2020年第8期。

许宪春、张美慧：《中国数字经济规模测算研究——基于国际比较的视角》，《中国工业经济》2020年第5期。

严若森、钱向阳：《数字经济时代下中国运营商数字化转型的战略分析》，《中国软科学》2018年第4期。

杨灿明：《减税降费：成效、问题与路径选择》，《财贸经济》2017年第9期。

杨佩卿：《数字经济的价值、发展重点及政策供给》，《西安交通大学学报》（社会科学版）2020年第2期。

杨仁发、李胜胜：《创新试点政策能够引领企业创新吗？——来自国家创新型试点城市的微观证据》，《统计研究》2020年第12期。

杨善奇、谈镇：《提升中国制造业自主创新效率研究》，《经济与管理》2015年第1期。

姚东旻、朱泳奕：《指引促进还是"锦上添花"？——我国财政补贴对企业创新投入的因果关系的再检验》，《管理评论》2019年第6期。

姚战琪：《开放经济对创新效率的影响》，《首都经济贸易大学学报》2021年第5期。

叶红雨、杨雨婷：《基于三阶段DEA模型的我国医药制造业技术创新效率研究》，《经济与管理评论》2015年第2期。

易宪容、陈颖颖、位玉双：《数字经济中的几个重大理论问题研究——基于现代经济学的一般性分析》，《经济学家》2019年第7期。

于新亮等：《养老保险缴费率、资本——技能互补与企业全要素生产率》，《中国工业经济》2019年第12期。

余长林、杨国歌、杜明月：《产业政策与中国数字经济行业技术创新》，《统计研究》2021年第1期。

余明桂、回雅甫、潘红波：《政治联系、寻租与地方政府财政补贴有效性》，《经济研究》2010年第3期。

虞义华、赵奇锋、鞠晓生：《发明家高管与企业创新》，《中国工业经济》2018年第3期。

曾燕：《数字经济发展趋势与社会效应研究》，中国社会科学出版社2021年版。

张伯超、沈开艳：《"一带一路"沿线国家数字经济发展就绪度定量评估与特征分析》，《上海经济研究》2018年第1期。

张萃、李亚倪：《城市人力资本、社会交流网络与企业创新》，《经济与管理评论》2021年第6期。

张萃：《外来人力资本、文化多样性与中国城市创新》，《世界经济》2019年第11期。

张辉、石琳：《数字经济：新时代的新动力》，《北京交通大学学报》（社会科学版）2019年第2期。

张慧、易金彪、徐建新：《数字经济对区域创新效率的空间溢出效应研究——基于要素市场化配置视角》，《证券市场导报》2022 年第 7 期。

张佳悦：《如何完善制造业创新体系》，《人民论坛》2018 年第 16 期。

张杰、冯俊新：《中国企业间货款拖欠的影响因素及其经济后果》，《经济理论与经济管理》2011 年第 7 期。

张鹏：《数字经济的本质及其发展逻辑》，《经济学家》2019 年第 2 期。

张穹等：《数字经济创新——监管理念更新、公共政策优化与组织模式升级》，《财经问题研究》2019 年第 3 期。

张森、温军、刘红：《数字经济创新探究：一个综合视角》，《经济学家》2020 年第 2 期。

张昕蔚：《数字经济条件下的创新模式演化研究》，《经济学家》2019 年第 7 期。

张新红：《数字经济与中国发展》，《电子政务》2016 年第 11 期。

张勋等：《数字经济、普惠金融与包容性增长》，《经济研究》2019 年第 8 期。

张志元、马永凡、张梁：《供给侧改革视角的政府补助与企业创新》，《科研管理》2020 年第 8 期。

赵剑波、杨丹辉：《加速推动数字经济创新与规范发展》，《北京工业大学学报》（社会科学版）2019 年第 6 期。

赵磊：《环境规制对我国制造业创新效率的影响研究》，《上海经济》2018 年第 2 期。

赵涛、张智、梁上坤：《数字经济、创业活跃度与高质量发展——

来自中国城市的经验证据》,《管理世界》2020 年第 10 期。

赵西三:《数字经济驱动中国制造转型升级研究》,《中州学刊》2017 年第 12 期。

赵玉鹏、王志远:《数字经济与数字经济时代浅议》,《广西民族学院学报》(哲学社会科学版) 2003 年第 S1 期。

钟凯等:《宏观经济政策影响企业创新投资吗——基于融资约束与融资来源视角的分析》,《南开管理评论》2017 年第 6 期。

周开国、卢允之、杨海生:《融资约束、创新能力与企业协同创新》,《经济研究》2017 年第 7 期。

周云蕾、李光龙、李胜胜:《减税降费对企业创新的影响分析——基于"营改增"政策的经验证据》,《数量经济研究》2020 年第 3 期。

朱永明等:《税收优惠对企业创新效率的门槛效应——创新价值链视角下制造业的实证研究》,《科技管理研究》2019 年第 11 期。

祝合良、王春娟:《数字经济引领产业高质量发展：理论、机理与路径》,《财经理论与实践》2020 年第 5 期。

邹鲜红:《我国医药制造业技术创新效率及其影响因素研究》,博士学位论文,中南大学,2010 年。

二　英文文献

Acemoglu D., Restrepo P., "The Race between Man and Machine: Implications of Technology for Growth, Factor Shares, and Employment", *American Economic Review*, Vol. 108, No. 6, 2018.

Afonasova M. A., Panfilova E. E. et al., "Digitalization in Economy and Innovation: The Effect on Social and Economic Processes",

Polish Journal of Management Studies, Vol. 19, No. 2, 2019.

Afriat S. N., "Efficiency Estimation of Production Function", *International Economic Review*, Vol. 13, No. 3, 1972.

Akcigit U., Caicedo S. et al., *Dancing with the Stars: Innovation Through Interactions*, National Bureau of Economic Research, 2018.

Altomonte C., Gamba S. et al., "R&D Investments, Financing Constraints, Exporting and Productivity", *Economics of Innovation and New Technology*, Vol. 25, No. 3, 2016.

Anatolievna B. A., Yurievna N. T. and Viktorovna S. L., "Role of Digital Economy in Creating Innovative Environment", *International Journal of Recent Technology and Engineering*, Vol. 8, No. 3, 2019.

Askerov P. F., Medvedeva A. M. et al., "Digital Economy as a Priority Direction for the Development of Modern Innovative Entrepreneurship in Russia", *Espacios*, Vol. 39, No. 41, 2018.

Bagale G. S., Vandadi V. R. et al., *Small and Medium-sized Enterprises' Contribution in Digital Technology*, Annals of Operations Research, 2021.

Banga K., "Digital Technologies and Product Upgrading in Global Value Chains: Empirical Evidence from Indian Manufacturing Firms", *The European Journal of Development Research*, Vol. 34, No. 1, 2022.

Baron R. M. and Kenny D. A., "The Moderator-mediator Variable Distinction in Social Psychological Research: Conceptual, Strategic, and Statistical Considerations", *Journal of Personality and Social Psychology*, Vol. 51, No. 6, 1986.

Battese G. E. and Coelli T. J., "A Model for Technical Inefficiency Effects in a Stochastic Frontier Production Function for Panel Data",

Empirical Economics, Vol. 20, No. 2, 1995.

Battese G. E. and Coelli T. J. , "Prediction of Firm-level Technical Efficiencies with a Generalized Frontier Production Function and Panel Data", *Journal of Econometrics*, Vol. 38, No. 3, 1988.

Bharadwaj A. , Sawy O. A. et al. , "Digital Business Strategy: Toward a Next Generation of Insights", *Management Information Systems Quarterly*, Vol. 37, No. 2, 2013.

Biswas T. and Kennedy P. L. , "Cross-border Trade in the Era of the Internet", *Journal of Education Research*, Vol. 10, No. 3, 2016.

Boeing P. , "The Allocation and Effectiveness of China's R&D Subsidies-evidence from Listed Firms", *Research Policy*, Vol. 45, No. 9, 2016.

Bouncken R. , Ratzmann M. et al. , "Coworking Spaces: Empowerment for Entrepreneurship and Innovation in the Digital and Sharing Economy", *Journal of Business Research*, Vol. 114, 2020.

Bowman J. , "The Digital Economy: Promise and Peril in the Age of Networked Intelligence", *Academy of Management Perspectives*, Vol. 10, 1996.

Bronzini R. and Iachini E. , "Are Incentives for R&D Effective? Evidence from a Regression Discontinuity Approach", *American Economic Journal: Economic Policy*, Vol. 6, No. 4, 2014.

Bronzini R. and Piselli P. , "The Impact of R&D Subsidies on Firm Innovation", *Research Policy*, Vol. 45, No. 2, 2016.

Bukht R. and Heeks R. , "Defining, Conceptualising and Measuring the Digital Economy", *Development Informatics Working Paper*, No. 68, 2017.

Bustos P., "Trade Liberalization, Exports, and Technology Upgrading: Evidence on the Impact of Mercosur on Argentinian Firms", *American Economic Review*, Vol. 101, No. 1, 2011.

Butenko E. and Isakhaev N. R., "A Method to Measure Activities in the Digital Economy", *Digest Finance*, Vol. 25, No. 3, 2020.

Caragliu A. and Del Bo C. F., "Smart Innovative Cities: The Impact of Smart City Policies on Urban Innovation", *Technological Forecasting and Social Change*, Vol. 142, 2019.

Caudill S. B., Ford J. M. and Gropper D. M., "Frontier Estimation and Firm-specific Inefficiency Measures in the Presence of Heteroscedasticity", *Journal of Business & Economic Statistics*, Vol. 13, No. 1, 1995.

Chen D., Heyer S. et al., "Direct Digital Manufacturing: Definition, Evolution, and Sustainability Implications", *Journal of Cleaner Production*, Vol. 107, 2015.

Chen J., Heng C. S. et al., "The Distinct Signaling Effects of R&D Subsidy and Non-R&D Subsidy on IPO Performance of It Entrepreneurial Firms in China", *Research Policy*, Vol. 47, No. 1, 2018.

Chen L., Cheng W. et al., "The Digital Economy for Economic Development: Free Flow of Data and Supporting Policies", *SSRN Working Papers*, 2019.

Chen Y., "Improving Market Performance in the Digital Economy", *China Economic Review*, Vol. 62, 2020.

Chirkunova E., Anisimova V. Y. and Tukavkin N. M., *Innovative Digital Economy of Regions: Convergence of Knowledge and Informa-*

tion, Current Achievements, Challenges and Digital Chances of Knowledge Based Economy, Springer, Cham, 2021.

Chi W. and Qian X. , "The Role of Education in Regional Innovation Activities: Spatial Evidence from China", *Journal of the Asia Pacific Economy*, Vol. 15, No. 4, 2010.

Chohan U. W. , "Some Precepts of the Digital Economy", *Critical Blockchain Research Initiative (CBRI) Working Papers*, 2020.

Choi J. and Lee J. , "Repairing the R&D Market Failure: Public R&D Subsidy and the Composition of Private R&D", *Research Policy*, Vol. 46, No. 8, 2017.

Choudrie J. and Dwivedi Y. K. , "Investigating Factors Influencing Adoption of Broadband in the Household", *Journal of Computer Information Systems*, Vol. 46, No. 4, 2006.

Ciocoiu C. N. , "Considerations About Intellectual Property Rights, Innovation and Economic Growth in the Digital Economy", *Economia Seria Management*, Vol. 14, No. 2, 2011.

Curran D. , "Risk, Innovation, and Democracy in the Digital Economy", *European Journal of Social Theory*, Vol. 21, No. 2, 2018.

Demidenko D. , Dubolazova J. and Malevskaya-malevich E. , "Economic Model of An Innovative Enterprise in the Digital Economy", *SHS Web of Conferences EDP Sciences*, Vol. 44, 2018.

Dong H. and Han W. , *Analysis of Digital Economy Concepts and Measurement Methods at Home and Abroad*, 4th International Conference on Financial Innovation and Economic Development, *Atlantis Press*, 2019.

Donofrio N., "Technology Innovation for a New Era", *Computing and Control Engineering Journal*, Vol. 12, 2001.

Duchin R., Ozbas O. and Sensoy B. A., "Costly External Finance, Corporate Investment, and the Subprime Mortgage Credit Crisis", *Journal of Financial Economics*, Vol. 97, No. 3, 2010.

Farrell M. J., "The Measurement of Productive Efficiency", *Journal of the Royal Statistical Society*, Vol. 120, No. 3, 1957.

García-Herrero A. and Xu J., "How Big is China's Digital Economy?" *Bruegel Working Papers*, 2018.

Gault F., "User Innovation in the Digital Economy", *Foresight and Sti Governance*, Vol. 13, No. 3, 2019.

Gautier A. and Lamesch J., "Mergers in the Digital Economy", *Information Economics and Policy*, Vol. 54, 2021.

Ghobakhloo M., "Industry 4.0, Digitization, and Opportunities for Sustainability", *Journal of Cleaner Production*, Vol. 252, 2020.

Ghobakhloo M., "The Future of Manufacturing Industry: A Strategic Roadmap Toward Industry 4.0", *Journal of Manufacturing Technology Management*, Vol. 29, No. 6, 2018.

Gomber P., Kauffman R. J. et al., "On the Fintech Revolution: Interpreting the Forces of Innovation, Disruption, and Transformation in Financial Services", *Journal of Management Information Systems*, Vol. 35, No. 1, 2018.

Gong B. H. and Sickles R. C., "Finite Sample Evidence on the Performance of Stochastic Frontiers and Data Envelopment Analysis Using Panel Data", *Journal of Econometrics*, Vol. 51, No. 1-2, 1992.

Greene W. , "Fixed and Random Effects in Stochastic Frontier Models", *Journal of Productivity Analysis*, Vol. 23, No. 1, 2005.

Griliches Z. , Ariel P. and Bronwyn H. H. , *The Value of Patents as Indicators of Inventive Activity*, Cambridge: Cambridge University Press, 1987.

Griliches Z. , "Patent Statistics as Economic Indicators: A Survey", *Journal of Economic Literature*, Vol. 28, No. 4, 1990.

Guadalupe M. , Kuzmina O. and Thomas C. , "Innovation and Foreign Ownership", *American Economic Review*, Vol. 102, No. 7, 2012.

Habib M. A. and Ljungqvist A. , "Firm Value and Managerial Incentives: A Stochastic Frontier Approach", *The Journal of Business*, Vol. 78, No. 6, 2005.

Hafkesbrink J. and Schroll M. , "Organizational Competences for Open Innovation in Small and Medium Sized Enterprises of the Digital Economy", *Competence Management for Open Innovation: Tools and It Support to Unlock the Innovation Potential Beyond Company Boundaries*, Vol. 30, 2010.

Hanna N. K. , "Assessing the Digital Economy: Aims, Frameworks, Pilots, Results, and Lessons", *Journal of Innovation and Entrepreneurship*, Vol. 9, No. 1, 2020.

Hansen B. E. , "Threshold Effects in Non-dynamic Panels: Estimation, Testing, and Inference", *Journal of Econometrics*, Vol. 93, No. 2, 1999.

Hrustek N. Ž. , Mekovec R. and Pihir I. , *Developing and Validating Measurement Instrument for Various Aspects of Digital Economy: E-commerce, E-banking, E-work and E-employment*, Research

Anthology on Digital Transformation, Organizational Change, and the Impact of Remote Work, 2021.

Huang Q., Jiang M. S. and Miao J., "Effect of Government Subsidization on Chinese Industrial Firms' Technological Innovation Efficiency: A Stochastic Frontier Analysis", *Journal of Business Economics and Management*, Vol. 17, No. 2, 2016.

International Monetary Fund, "Measuring the Digital Economy", *IMF Policy Paper*, 2018.

Khurramov A. M., "The Role and Role of Digital Economy and Information Technology in the Agricultural Sector", *International Journal on Integrated Education*, Vol. 3, No. 2, 2020.

Kim H. and Park Y., "The Impact of R&D Collaboration on Innovative Performance in Korea: A Bayesian Network Approach", *Scientometrics*, Vol. 75, No. 3, 2008.

Kline S. J. and Rosenberg N., "An Overview of Innovation", *Studies on Science and the Innovation Process: Selected Works of Nathan Rosenberg*, 2010.

Klymchuk M. M., Ilina T. A. et al., "Modern Technologies of Enterprise Management Based on Digital Economy and Innovation", *Business Inform*, Vol. 7, 2020.

Kokh Larisa V. and Kokh Yuriy V., "Analysis of Existing Approaches to Measurement of Digital Economy", *St. Petersburg State Polytechnical University Journal. Economics*, Vol. 78, No. 4, 2019.

Kutnjak A., Hrustek L. and KrižAni S., *Applying the Decision Tree Method in Identifying Key Indicators of the Digital Economy and So-*

ciety Index (Desi), 43rd International Convention on Information, Communication and Electronic Technology (Mipro), Ieee, 2020.

Larsen P., "Understanding the Digital Economy: Data, Tools, and Research", *Journal of Documentation*, Vol. 59, No. 4, 2003.

Lee J., Bagheri B. and Kao H. A., "A Cyber-physical Systems Architecture for Industry 4. 0-based Manufacturing Systems", *Manufacturing Letters*, Vol. 3, 2015.

Lestariningsih E., Rachmad S. H. et al., *Digital Economy and Gender Well-being Measurement: Evidence from Indonesia*, International Association for Research in Income and Wealth (Iariw) 35th General Conference, Copenhagen, 2018.

Levinsohn J. and Petrin A., "Estimating Production Functions Using Inputs to Control for Unobservables", *The Review of Economic Studies*, Vol. 70, No. 2, 2003.

Lian Y., Su Z. and Gu Y., "Evaluating the Effects of Equity Incentives Using Psm: Evidence from China", *Frontiers of Business Research in China*, Vol. 5, No. 2, 2011.

Li R., Rao J. and Wan L., "The Digital Economy, Enterprise Digital Transformation, and Enterprise Innovation", *Managerial and Decision Economics*, 2022.

Li S. and Wang Y., "The Impact of Industrial Agglomeration on Urban Innovation: An Empirical Analysis in China", *Earthline Journal of Mathematical Sciences*, Vol. 10, No. 2, 2022.

Lucas Jr R. E., "On the Mechanics of Economic Development", *Journal of Monetary Economics*, Vol. 22, No. 1, 1988.

Margiansyah D., "Revisiting Indonesia's Economic Diplomacy in the Age of Disruption: Towards Digital Economy and Innovation Diplomacy", *Journal of Asean Studies*, Vol. 8, No. 1, 2020.

Melitz M. J., "The Impact of Trade on Intra-Industry Reallocations and Aggregate Industry Productivity", *Econometrica*, Vol. 71, No. 6, 2003.

Mesenbourg T. L., "Measuring the Digital Economy", *US Bureau of the Census*, Vol. 1, 2001.

Moretti E., "Workers' Education, Spillovers, and Productivity: Evidence from Plant-level Production Functions", *American Economic Review*, Vol. 94, No. 3, 2004.

Novikova N. V., Strogonova E. V. and Dianova L., *Regional Projection of Digital Economy*, 2nd International Scientific and Practical Conference, Atlantis Press, 2020.

Nunn N. and Qian N., "Us Food Aid and Civil Conflict", *American Economic Review*, Vol. 104, No. 6, 2014.

Olley S. and Pakes A., "The Dynamics of Productivity in the Telecommunications Equipment Industry", *Econometrica*, Vol. 64, No. 6, 1996.

Overby H. and Audestad J. A., *Digital Economics: How Information and Communication Technology is Shaping Markets, Businesses, and Innovation*, Springer, 2018.

Patel F., Sooknanan P., *Information Technology, Development, and Social Change*, Routledge, 2012.

Planes-Satorra S. and Paunov C., "Inclusive Innovation Policies: Lessons from International Case Studies", *Oecd Science, Technology and Industry Working Papers*, No. 2, 2017.

Planes-Satorra S. and Paunov C. , "The Digital Innovation Policy Landscape in 2019", *Oecd Science, Technology and Industry Policy Papers*, No. 71, 2019.

Polyakov R. and Stepanova T. , *Innovation Clusters in the Digital Economy*, Springer, Cham, 2020.

Pomfret R. A. , Mukhtarova Karlygash S. and Tovma N. A. , "Defining, Conceptualising and Measuring the Digital Economy", *Central Asian Journal of Social Sciences and Humanities*, Vol. 5, No. 2, 2019.

Rampersad G. and Troshani I. , "Innovation in the Digital Economy: The Impact of High-speed Broadband on Innovating Smes", *Advances in Economics, Business and Management Research*, Vol. 39, 2013.

Ranta V. , Aarikka-stenroos L. and VäIsäNen J. M. , "Digital Technologies Catalyzing Business Model Innovation for Circular Economy—Multiple Case Study", *Resources, Conservation and Recycling*, Vol. 164, 2021.

Reis M. S. and Gins G. , "Industrial Process Monitoring in the Big Data/Industry 4. 0 Era: From Detection, To Diagnosis, To Prognosis", *Processes*, Vol. 5, No. 3, 2017.

Richter C. , Kraus S. et al. , "Digital Entrepreneurship: Innovative Business Models for the Sharing Economy", *Creativity & Innovation Management*, Vol. 36, No. 3, 2017.

Rtemieva I. O. , "The System for Statistical Measurement of Digital Economy Parameters: Development Trends", *Statistics of Ukraine*, Vol. 88, No. 1, 2020.

Russo V. , "Digital Economy and Society Index, European Guidelines and Empirical Applications on the Territory", *Qualitative and Quantitative Models in Socio-economic Systems and Social Work*, Vol. 208, 2020.

Serra-Vallejo C., Montagnier P. et al., *Measuring the Digital Economy-a New Perspective*, Oecd Publishing, 2014.

Shahatha Al-Mashhadani A. F., Qureshi M. I. et al., "Towards the Development of Digital Manufacturing Ecosystems for Sustainable Performance: Learning from the Past Two Decades of Research", *Energies*, Vol. 14, No. 10, 2021.

Smirnov V. V., Osipov D. G. et al., "Parity of Innovation and Digital Economy in the Russian Management System", Proceedings of the 1st International Scientific Conference, 2019.

Sreckovic M., "Organizing for Innovation in the Digital Economy: The Case of the Aec Industry", *SSRN Working Paper*, 2020.

Strassner E. H. and Nicholson J. R., "Measuring the Digital Economy in the United States", *Statistical Journal of the Iaos*, Vol. 36, No. 3, 2020.

Tapscott D., Lowy A. and Ticoll D., *Blueprint to the Digital Economy*, Ieee, 1998.

Tapscott D., "The Digital Economy Anniversary Edition: Rethinking Promise and Peril in the Age of Networked Intelligence", *Innovation Journal*, Vol. 19, No. 5, 1999.

Tapscott D., *The Digital Economy Anniversary Edition: Rethinking Promise and Peril in the Age of Networked Intelligence*, New York: Mcgraw-hill, 2014.

Teece D. J., "Profiting from Innovation in the Digital Economy: Enabling Technologies, Standards, and Licensing Models in the Wireless World", *Research Policy*, Vol. 47, 2018.

Tian J. and Liu Y. , "Research on Total Factor Productivity Measurement and Influencing Factors of Digital Economy Enterprises", *Procedia Computer Science*, Vol. 187, 2021.

Tou Y. , Watanabe C. et al. , "Hybrid Role of Soft Innovation Resources: Finland's Notable Resurgence in the Digital Economy", *International Journal of Managing Information Technology*, Vol. 10, No. 4, 2018.

Van N. T. T. and Duy N. T. , "Digital Economy: Overview of Definition and Measurement Criteria", 5th International Conference on Green Technology and Sustainable Development (Gtsd), Ieee, 2020.

Venugopal V. and Saleeshya P. G. , "Manufacturing System Sustainability Through Lean and Agile Initiatives", *International Journal of Sustainable Engineering*, Vol. 12, No. 3, 2019.

Wang G. , Zhang G. et al. , "Digital Twin-driven Service Model and Optimal Allocation of Manufacturing Resources in Shared Manufacturing", *Journal of Manufacturing Systems*, Vol. 59, 2021.

Wang H. J. , "A Stochastic Frontier Analysis of Financing Constraints on Investment: The Case of Financial Liberalization in Taiwan", *Journal of Business & Economic Statistics*, Vol. 21, No. 3, 2003.

Wang Y. , Li S. and Wang Y. , "The Impact of Financing Constraints and Uncertainty on Manufacturing Innovation Efficiency: An Empirical Analysis from Chinese Listed Firms", *Mathematical Problems in Engineering*, 2022.

Watanabe C., Naveed K. et al., "Measuring GDP in the Digital Economy: Increasing Dependence on Uncaptured GDP", *Technological Forecasting and Social Change*, Vol. 137, 2018.

Watanabe C., Naveed N. and Neittaanmäki P., "Digital Solutions Transform the Forest-based Bioeconomy Into a Digital Platform Industry-a Suggestion for a Disruptive Business Model in the Digital Economy", *Technology in Society*, Vol. 54, 2018.

Watson T., "Digital Economy Measurement and Digital Policy", *Journal of Public Policy*, Vol. 6, No. 1, 2018.

Wu D., Rosen D. W. et al., "Cloud-based Design and Manufacturing: A New Paradigm in Digital Manufacturing and Design Innovation", *Computer-aided Design*, Vol. 59, 2015.

Xiong Y. and Li S., "Can the Establishment of University Science and Technology Parks Promote Urban Innovation? Evidence from China", *Sustainability*, Vol. 14, No. 17, 2022.

Zaistev V., "Digital Economy as a Research Object: A Literature Review", *Public Administration Issues*, No. 3, 2019.

Zhang, "China Innovation and Entrepreneurship Index", Peking University Open Research Data Platform, 2019.

Zhao X., Lynch Jr J. G. and Chen Q., "Reconsidering Baron and Kenny: Myths and Truths About Mediation Analysis", *Journal of Consumer Research*, Vol. 37, No. 2, 2010.

Zhou Y. and Li S., "Can the Innovative-city-pilot Policy Promote Urban Innovation? An Empirical Analysis from China", *Journal of Urban Affairs*, 2021.